Perfiles psiquiátricos de mujeres asesinas

Alicia García ▪ César Alcalá

PERFILES PSIQUIÁTRICOS DE MUJERES ASESINAS

SEKOTIA

©Alicia García, 2022
©César Alcalá, 2022
© a la edición Editorial Almuzara, S.L., 2022

WWW.SEKOTIA.COM

EDITOR: HUMBERTO PÉREZ-TOMÉ ROMÁN
CORRECCÓN Y MAQUETACIÓN: MANUEL ORTIZ DE GALISTEO
COLECCIÓN MI EXPEDIENTE FAVORITO

Imprime: Gráficas La Paz
ISBN: 978-84-11311-16-8
Depósito legal: CO-939-2022

Hecho e impreso en España-*Made and printed in Spain*

Índice

Introducción

Después de terminar el libro que dedicamos a los *Perfiles Psiquiátricos de Hombres Asesinos*, la continuación era llevar a cabo el de las mujeres. Hay que tener en cuenta que, a lo largo de los años se han escrito muchos libros dedicados a los hombres y pocos se han centrado en las mujeres. Y no es porque haya pocos ejemplos. El motivo lo debemos buscar en condicionantes que poco tienen que ver con el interés de los personajes, aunque tienen mucho interés, sino en aspectos de conocimiento y de popularidad.

Para Peter Pearson las mujeres son capaces de asesinar —tanto personas conocidas como desconocidas— siendo también asesinas en serie. Las mujeres son responsables de la mayoría de homicidios de lactantes y niños, la mayor parte de los malos tratos físicos a niños y la cuarta parte de los abusos infantiles.

Para el FBI la elaboración de perfiles criminales es una técnica de investigación judicial que consiste en inferir aspectos psicosociales del perpetrador en base a un análisis psicológico, criminalístico y forense de sus crímenes, con el fin de identificar un tipo de persona para orientar la investigación y la captura.

Según afirma Steven A. Egger el asesino en serie es una persona que mata reiteradamente. Logra cometer más de tres muertes; actúa individualmente; asesina de uno en uno; no tiene vínculos con la víctima; opera en diversos momentos y pasa por pausas e intervalos de enfriamiento. Para Michael D. Kelleher y C. L. Kelleher, las asesinas en serie son más exitosas, cuidadosas, precisas, metódicas y tranquilas al cometer sus crímenes. Estos autores consideran que la tipología de organizado-desorganizado construida por Robert K. Ressler, A. W. Burgess y J. E. Douglas es inadecuada. Aportan una tipología diferente, basada en si la mujer actúa sola o acompañada. Por eso aportan una categoría de nueve puntos:

—Viuda negra: asesina múltiple de esposos, compañeros o miembros de la familia.

—Asesina en equipo o grupo: asesina o participa en el asesinato de otros en conjunción de al menos otra persona.

—Ángel de la muerte: asesina personas que están bajo su cuidado o que reciben atención médica.

—Problema de locura: asesina en aparente aleatoriedad y después es juzgada por demencia.

—Predadora sexual: asesina en actos sexuales.

—Homicidio inexplicado: asesina por razones que son totalmente inexplicables o por motivos que no son claros.

—Venganza: asesina por odio o celos.

—Crímenes sin resolver: asesinatos sin resolver que pueden ser atribuidos a una mujer.

—Ganancia o crimen: asesina por un beneficio o en el curso de otro crimen o delito.

Estos autores definen cada una de las tipologías así:

—Las mujeres asesinas en serie que actúan solas son a menudo maduras, cuidadosas, deliberadas, socialmente adaptadas y altamente organizadas. Ellas usualmente atacan sus víctimas en sus casas o lugares de trabajo. Tienden a utilizar un arma específica como veneno, inyección letal o sofocación.

—Las que actúan en compañía tienden a ser más jóvenes, agresivas, viciosas en sus ataques, algunas veces desorganizadas y usualmente incapaces de tener un plan cuidadoso. Ellas usualmente atacan a sus víctimas en diversas localizaciones, tienden a usar armas de fuego, blancas o tortura.

Nuestro viaje por los *Perfiles Psiquiátricos de Mujeres Asesinas* se inicia con la primera que podemos calificar de asesina en serie y que formaría parte de varias de las categorías estructuradas por Kelleher & Kelleher. Nos referimos a Gabriela Erzábet Báthory, conocida como la Condesa Sangrienta, por su amor a la sangre.

En «Amor materno enfermizo» desgranamos la psicología de dos madres con un oscuro perfil psicológico. Hablamos de Margarita Ruiz de Lihory y Aurora Rodríguez Carballeira.

«Crimen pasional» desgrana los crímenes de la guardia urbano Rosa Peral Viñuela y de María Jesús Moreno Canto, conocida popularmente como la Viuda negra de Patraix.

Susan Leigh Vaughan es la protagonista del «Ancestral infanticidio», en el cual describimos los motivos que la llevaron a asesinar a sus dos hijos pequeños.

El nazismo, los campos de concentración y los crímenes que ahí se cometieron muchas veces se han explicado desde el punto de vista de los hombres. Ahora bien, no podemos olvidar que hubo «Guardianas nazis» como Grese, Mandel, Binz, Borman, Köhler y Orlowki que sembraron el terror en los campos de concentración nazis.

Si hablamos de «Mujeres planificadoras», debemos hablar de María de los Ángeles Molina, conocida como Angie, cuya metodología seguida nos hiela la sangre.

El síndrome de Münchhausen queda proyectado en dos mujeres, Jeanne Moulinet y Marybeth Roe, que representan aquella necesidad de recibir atención médica para asumir un rol de enferma y, a su vez, la simpatía de los demás.

Muchas son las «Viudas negras» que ha habido a lo largo de la historia. En este capítulo hablamos de Francisca Ballesteros, Le Thank Van, Carolines Grills, Christa Lehmann, Dionny Damizu Sejas y Brynhilde Paulsetter Storseth, cuyos crímenes abarcan la manera de actuar de estas mujeres convertidas en viudas.

Al hablar de Enriqueta Martí Ripollés entramos en un personaje conflictivo. A lo largo del capítulo desgranamos la vida y los hechos que, presuntamente, hizo esta mujer a lo largo de su vida. Ahora bien, ¿es verdad todo lo que explicamos? ¿Fue una cabeza de turco de la sociedad barcelonesa de principios de siglo? ¿Su vida es real o forma parte de un *fake*? Todas estas preguntas están resueltas en un capítulo que mezcla intriga y una realidad que a nadie dejará indiferente.

Finalmente hablamos de «Parejas homicidas» con Patricia Martínez Bernal, Ana María Ruíz Villeda, Natalia Baksheeva y Suzan Thornell. Ellas actuaron como leonas, que asesinaron por razones de género. Deseaban satisfacer a sus maridos y les entregaron víctimas para su placer y disfrute.

En este nuevo proyecto, a cuatro manos, se pone en negro sobre blanco la vida de estas asesinas en serie, describiendo los crímenes que cometieron y, a continuación, un análisis psicológico del cómo y porqué actuaron de esta manera. Lo cierto es que no siempre es fácil conocer los motivos que llevan a una persona a cruzar esa fina línea entre el bien y el mal. Ahora bien, discernirlo ha sido nuestra misión.

El trabajo realizado tiene como finalidad no solo dar a conocer lo que hicieron, cómo lo llevaron a cabo y por qué, sino que ha de servir como base para posteriores estudios, pues el análisis psicológico que se ha realizado a cada una de ellas marca una diferencia con respecto a otras obras publicadas. Hemos complementado historia y psicología, lo cual, refiriéndonos a mujeres asesinas, es una novedad. Esperamos que disfruten con el libro que tienen entre las manos.

Alicia García / César Alcalá

La amante de la sangre

La atracción de la sangre viene motivada por el instinto de poseer la esencia vital de otros seres vivos. El mito del vampiro no es nuevo. En Egipto se llamaba Srunx y Apop; en Rumanía era strogoi; los fenicios le llamaban Astarté; los griegos y romanos tenías las lamias; en Rusia se conoce como vieszcy; en Alemania tenemos el Neum Toter; en Malasia el langsuir, y en España las guaxas y los sacauntos. Existe lo que se conoce como vampirismo clínico o síndrome de Renfield, ¿en qué consiste? En tener una obsesión por la sangre, la cual le provoca una excitación sexual. Históricamente podemos hablar de Vlad Tepes o Gilles de Rais. Ambos empalaron y asesinaron a centenares de personas. El primero fue mitificado por Bram Stoker al convertirlo en el conde Drácula. En realidad, ambos eran personajes crueles y violentos. Que disfrutaban asesinando. Caso aparte es la condesa Báthory y los otros amantes de la sangre de los que hablaremos en este capítulo.

Gabriela Erzábet Báthory de Ecsed fue la segunda hija del matrimonio formado por el barón György Báthory de Ecsed y Ana Báthory de Somlyó. Ambos pertenecían a una de las familias más nobles y ricas de Transilvania. Su tío materno István Báthory de Somlyó fue príncipe de Transilvania (1571-1576) y rey de Polonia (1576-1586). Nació en Nyirbátor el 7 de agosto de 1560 y falleció en el castillo de Cachtice el 21 de agosto de 1614. Sobre ella se ha escrito mucho. Algunos afirmando que era una mujer obsesionada por la belleza y que cometió asesinatos atroces. Otros argumentando que sus enemigos divulgaron una leyenda negra alrededor de su figura. Antes de adentrarnos en todo esto conozcamos quién fue la condesa Erzábet Báthory, también conocida como la Condesa Sangrienta.

En 1571 fue prometida al conde Ferec Nádasdy y Fogarasföld, que tenía diez años más que ella. Se trasladó a vivir al castillo de la familia Nádasdy. En 1574, a los trece años, quedó embarazada de un sirviente. A este lo castraron y lo lanzaron a los perros. A ella la ocultaron en otro casillo y nunca conoció a su hijo.

Mujer culta, superaba a su marido en conocimientos. Hablaba perfectamente húngaro, latín y alemán. La mayoría de los nobles de aquella época eran analfabetos. El 8 de mayo de 1575, con solo quince años, se casó con Ferec Nádasdy y se marcharon a vivir al castillo de Cachtice. No convivieron mucho tiempo como consecuencia de la guerra. Recordemos que la hegemonía europea estaba en manos de los Habsburgo, familia reinante del Sacro Imperio Romano Germánico. Hungría estaba fuera de este imperio, no así del poder de los Habsburgo. Se producían continuas luchas para reunificar Hungría, al ser Transilvania un principado independiente. El matrimonio Nádasdy-Báthory tuvo su primera hija, Anna, en 1586. Luego vinieron Orsolya, Katalin y Pál.

En 1604 murió de una enfermedad misteriosa y repentina Ferec Nádasdy, conocido como el Caballero Negro —pues empalaba a sus sirvientes y enemigos— en medio de una batalla. La condesa quedó viuda con cuarenta y cuatro años.

Como gran señora feudal tenía muchos enemigos. Se le acusó de practicar brujería. La investigaron. No se presentó a juicio. Presentaron pruebas que inculpaban a sus criados, pero ponían en duda que ella hubiera sido causante de aquellos crímenes. Los culpables fueron decapitados y sus cuerpos quemados. Ella fue emparedada de por vida en su castillo. ¿Qué leyenda negra protagonizó? ¿Qué ocurrió? ¿Por qué fue condenada? ¿Las acusaciones eran reales o inventadas?

Durante el juicio algunos testigos explicaron que en sus castillos había instalado cámaras de tortura protegidas del exterior. Esto lo hacía para que los gritos no se escucharan. Se servía de zonas apartadas: torres, sótanos, cámaras secretas… Sus criados —colaboradores necesarios en toda esta historia— le suministraban muchachas jóvenes de entre doce a veintiséis años. Cuando el abastecimiento escaseaba o bien se trasladaba a otro castillo o mandaba a sus criados a lugares alejados.

Le acusaron de haber asesinado, en poco más de cinco años, a 650 jóvenes. Investigaciones posteriores reducen esta cifra a entre 100 y 300 víctimas. Teniendo en cuenta su categoría social no participaba en los asesinatos. Sus criados lo hacían por ella. Gritaba las instrucciones desde un asiento elevado colocado estratégicamente. Algunas veces intervenía directamente, pero esto era anecdótico. No todas las víctimas de la condesa fallecían. Hubo supervivientes que contaron su macabra experiencia.

¿Por qué actuaba así? La condesa creía que con la sangre de sus víctimas podía conservar su piel fresca y rejuvenecer su cuerpo. Se contaba que durante estas orgías sangrientas solía experimentar orgasmos hasta quedar inconsciente. La sangre está asociada a la vida. El médico y químico alemán Andreas Libavius afirmó en 1615 que «la sangre caliente y espirituosa del joven será para el viejo como fuente de vida». La sangre vieja debe ser sustituida o bien por sangre nueva o por un elixir como el que usó Medea para rejuvenecer a Esón. Solo así se conservará la juventud.

¿Cómo llegó a esta experiencia? Parece ser que una sirvienta la introdujo en el mundo de la brujería. Esta pasó a ser su amante. Ambas se adentraron en el mundo de la magia negra. Esto sucedía mientras su marido estaba luchando en tierras extrañas. Cuando regresaba ambas mujeres dejaban de relacionarse. El lesbianismo era algo habitual en su familia. Su tía Karla Báthory la inició en orgías con mujeres. Karla presuntamente asesinó a cuatro maridos. No pudo hacer lo mismo con el último, pues la descubrió en el lecho con un amante. Mandó que una guarnición turca la violara y después le cortó el cuello.

Podemos decir que, mientras Ferec Nádasdy permanecía en el castillo de Cachtice, Erzábet Báthory era una mujer complaciente. Cuando se marchaba de nuevo a la guerra el desenfreno reinaba en el castillo de Cachtice. Ya por aquel entonces hubo algún asesinato, aunque nunca pudo demostrarse.

Cuando en 1604 falleció Ferec Nádasdy ya no tuvo que disimular. Llevó a cabo pervertidas fechorías auspiciadas por el Mal. Su marido la había iniciado en el arte de la tortura. A la condesa Báthory le gustaba torturar a sus sirvientes introduciéndoles finas agujas debajo de las uñas. También les entregaba llaves o monedas al rojo vivo para que se quemaran las manos. O las arrojaba desnudas a la nieve y les echaba agua fría. Algunas murieron congeladas. Le encantaba que estas se desnudaran ante ella. A algunas, por diversión, les quemaba los genitales con velas, carbones y hierros.

El marido de la condesa, Ferec Nádasdy, también era un personaje cruel. Era tristemente conocido por empalar a sus enemigos en el campo de batalla. El empalamiento, como sistema de ejecución, fue empleado en Rumanía durante el siglo XV. El mayor empalador de la historia fue Vlad Tepes. En un día llegó a empalar a 23.000 enemigos. Ferec Nádasdy cuando regresaba al castillo de Cachtice se entretenía torturando a los sirvientes. A ellas las desnudaba, las sacaba al exterior del castillo, eran cubiertas de miel y esperaba que las atacaran mosquitos y abejas.

¿Cómo empezó la condesa a interesarse por la sangre de las jóvenes? Cierto día una de sus sirvientas la estaba peinando. La condesa tenía el pelo bastante enredado y, con el cepillo, tiró demasiado fuerte haciéndole daño. La abofeteó con tal fuerza que le reventó la nariz. Una vez descargada la furia se dio cuenta que sentía placer. Este aumentó cuando la sangre impactó en su cuerpo. Parece ser que le desaparecieron arrugas y manchas. Creyó que su piel rejuvenecía. Aquel efecto mágico cambió su concepción estética. Decidió, a partir de ese día, bañarse con la sangre de doncellas vírgenes. Por eso consultó a brujas y alquimistas. Estos le ratificaron que tenía razón. Le aseguraron que la sangre humana de una doncella virgen la mantendría joven. Acto seguido su mayordomo Thorko y su ama de llaves Dorottya desnudaron a una joven, le practicaron un profundo corte en el cuello y dejaron que se desangrara en una bañera. La condesa Báthory se bañó y bebió de ella. Sintió rejuvenecer.

Esa sensación hizo que, de 1604 a 1610, como hemos dicho anteriormente, supuestamente fueran asesinadas 650 doncellas vírgenes. Organizó una infraestructura para conseguir tan preciado tesoro. Sus criados recorrían toda la región que dominaba el castillo de Cachtice para secuestrarlas. En ocasiones era Erzábet Báthory quien las convencía para que fueran a su castillo como criadas. Teniendo en cuenta su poder era un honor para las familias que sus hijas trabajaran para ella. Desconocían el trágico final que les esperaba. Al llegar al castillo eran encerradas en mazmorras y allí esperaban su siniestro final.

Se cuenta que, en cierta ocasión, estando la condesa enferma, pidió que le trajeran a una joven para que le hiciera compañía. Estaba aburrida y necesitaba distracción. Al cerrar la puerta la doncella fue atacada por la condesa. Se abalanzó sobre ella y le mordió en la mejilla, le arrancó un trozo de hombro y le clavó los dientes en un pecho. El éxtasis fue completo.

La voracidad de la condesa supuso que tuvieran un serio problema con los cadáveres. De una forma u otra tenían que hacerlos desaparecer. ¿Cómo? Al principio los escondían debajo de las camas. Con el paso de los días el hedor era insoportable. Uno de los criados expuso una idea. Ya que las doncellas eran de la zona, se podían abandonar los cadáveres en un campo cercano. Así los vecinos les darían sepultura. Era la forma más sencilla de acabar con un problema. Y así lo hicieron. Sin embargo, teniendo en cuenta que las doncellas aparecían sin una gota de sangre en sus cuerpos, empezaron a circular rumores vinculados con los vampiros.

Para que estos circulen siempre tiene que haber un instigador. En este caso fue Istvan Magyari, un pastor protestante que vivía en esos contornos. Se dedicó a explicar que la condesa practicaba magia roja. Al poco tiempo calló —posiblemente gracias a algún soborno— y dio sepultura a todas las doncellas que aparecían muertas. El temor de la gente, las presiones y el incremento de cadáveres hizo que dudara sobre la conveniencia de proteger a la condesa. Decidió irla a ver. Su voluntad no era reprenderla, sino descubrir el porqué de tantas muertes. El pastor no sacó nada en claro. Al contrario, recibió la amenaza de la condesa de asesinarlo si no callaba. Así lo hizo. Con el paso del tiempo se convirtió en el azote de los Báthory. Después de aquella reunión no aparecieron más cadáveres. Los criados de la condesa empezaron a enterrarlos en lugares apartados.

La prepotencia y la superioridad de su clase social hizo que cometiera muchos errores. Y el mayor fue utilizar su poder para atraer a Cachtice a niñas y adolescentes de buenas familias. La excusa era educarlas. Lo que buscaba la condesa Báthory era que fueran jóvenes y sanas. Por circunstancias que nadie pudo aclarar empezaron a morir. ¿Por qué cometió este error? La convenció Erzi Majorova, viuda de un granjero que se convirtió en su amante. Esta le dijo que no pasaría nada, que nadie se preocuparía por aquellas muertes. Se equivocó. Tiempo antes una bruja llamada Darvulia le había prevenido sobre ello. Darvulia le advirtió que nunca utilizara hijas de la nobleza.

En aquellos tiempos la vida de un campesino no tenía valor. Los cuerpos abandonados de las jóvenes aterrorizaban al pueblo, pero poco más. Nadie investigó aquellas muertes, pues no importaban. No ocurría lo mismo con las jóvenes de la nobleza. Esas vidas sí tenían valor y no podían quedar impunes sus muertes. Y es en este punto donde vuelve a aparecer el pastor Istvan Magyari. Fue a ver al rey Mátyás II de Habsburgo y le contó todo lo que sabía. El rey se estremeció. Tenía que acabar con todo aquello, pero ¿cómo hacerlo?

La condesa, como miembro de la familia Báthory, era extremadamente rica, mucho más que el rey habsburgo. Culparla de brujería le permitiría quedarse con todos sus bienes y adquirir un gran poder económico. Hizo ver que se preocupaba por la muerte de esas doncellas, aunque su verdadero interés era hacerse rico. Por eso le pidió al conde Thurzó que investigara la vida de Erzábet Báthory. El conde, antiguo amante de la condesa, conocía perfectamente las intenciones del rey. No permitiría que Mátyás II de Habsburgo se hiciera con las propiedades familiares de los Báthory. Por eso urdió un plan. No se podía juzgar a la condesa teniendo en cuenta su poder y categoría social. Todo lo contrario pasaba con los criados. El conde Thurzó se encargaría de juzgarlos y ajusticiarlos. De esta manera la condesa quedaría exculpada y las propiedades no pasarían a manos del rey.

El conde György Thurzó, con sus hombres, llegaron al castillo de Cachtice el 30 de diciembre de 1610. Ahí se encontró a un criado enganchado a un cepo, agónico y con los huesos de la cadera rotos. Al ser una práctica común de la época, para castigar a los criados rebeldes, no le dio importancia. En uno de los salones había una joven desangrada. Cerca de ella encontró otra, aún viva, con todo el cuerpo agujereado. La habían torturado en la doncella de hierro —un sarcófago forrado en su interior de pinchos de hierro—. En las mazmorras encontró una docena de jóvenes. Sus cuerpos presentaban señales de haber sido perforados y cortados. En los subterráneos del castillo exhumaron cincuenta cadáveres. Por todas partes había manchas de sangre y el castillo olía a podredumbre. No había duda de que ahí se habían cometido atroces asesinatos. El conde Thurzó descubrió el diario personal de Erzábet Báthory. En él se especificaba, día a día, cuantas jóvenes habían sido asesinadas.

El juicio se inició el 7 de enero de 1611 en la ciudad de Bitcse. El tribunal estaba encabezado por el juez de la Corte Suprema Real, Teodosio Symiensis de Szulo. La condesa Báthory se negó a presentarse al juicio, porque su sangre noble le permitía excluir su aparición en ese tipo de procesos. No pasó lo mismo con sus criados. Fueron juzgados el mayordomo János Ujváry; las doncellas Illona Jo, Dorottya Szentes, Piroska; el criado János Ficzkó, conocido como el enano; la amante Ersia Majorovna y la joven Katalin Beneczky. El mayordomo Ujváry declaró que delante de él se había asesinado a treinta y siete doncellas vírgenes. De ellas había contratado a seis para trabajar en el castillo. La edad de las jóvenes oscilaba entre los doce y los veintiséis años. Oídos los testimonios, todos fueron declarados culpables. A Ujváry lo decapitaron y arrojaron su cuerpo a la hoguera. Ficzkó, al ser un adolescente en el momento de su arresto, fue decapitado y no lo quemaron en la hoguera. A las criadas —declaradas por el tribunal como brujas— Dorottya, Ilona y Piroska les arrancaron los dedos con tenazas al rojo vivo —por haberlos empapado en sangre de cristianos— y las quemaron vivas. Ersia Majorovna, amante de la condesa, fue ejecutada. La joven Katalin Beneczky se responsabilizaba de deshacerse de los cuerpos y limpiarlos después de haber sido torturados. Fue sentenciada a cadena perpetua, pero la liberaron al cabo de unos años.

El conde Thurzó se salió con la suya. Erzébet Báthory no fue acusada de brujería y sus posesiones no pasaron a Mátyás II de Habsburgo. El rey la declaró demente y la condenó a ser emparedada en su castillo. ¿Por qué la condesa Báthory no fue condenada por brujería? ¿Tanto poder tenía el conde György Thurzó?

Estudios históricos han intentado dilucidar la verdad sobre aquel juicio. Estos han llegado a la teoría de que el proceso judicial tenía como fin ocultar los entresijos secretos que había pactado Erzébet Bathory con su primo Gabor Báthory de Somlyó, príncipe de Transilvania (1608-1613). Ambos habían trazado un plan para derrocar a Mátyás II. Gabor había llegado al poder gracias al apoyo económico de Erzébet. Al ser nombrado príncipe inició una guerra contra el Sacro Imperio Romano Germánico. Esto hizo que los Habsburgo se enemistaran con los Báthory. El juicio fue una excusa para vengarse de ellos.

La condesa Báthory testamentó el 31 de julio de 1614. Dividió sus posesiones en partes iguales entre sus hijos. Erzébet Báthory falleció el 21 de agosto de 1614, a los cincuenta y cuatro años. Sus hijos quisieron enterrarla en la iglesia de Cachtice, pero el pueblo se opuso. No deseaban que un ser tan cruel y malvado reposara entre ellos. Se la llevaron a Ecsed, al noroeste de Hungría, origen de los Báthory. Durante los funerales el párroco de esa población afirmó: «Es la mujer más hermosa que mis ojos hayan visto». En 1616 los hijos de la condesa fueron acusados de traición por el apoyo que había prestado su madre en la lucha contra los alemanes. La leyenda de la Condesa Sangrienta fue alimentada, por primera vez, por el jesuita László Turóczi, quien, en 1729, publicó *Trágica Historia*, en la cual examinaba la figura de Erzébet Báthory como protestante. En una época en la cual el cristianismo dominaba Hungría, el protestantismo de la condesa fue relacionado con la santería, el lesbianismo y la perversión sexual. La cifra de 650 víctimas es obra de Michael Wagner, quien lo afirmó en un escrito publicado en 1865.

Análisis psicológico

El interés y la fascinación por la sangre, y por su ingesta, no es algo que solo hayamos podido encontrar en la literatura clásica. Los primeros relatos sobre personas bebedoras de sangre surgieron en el siglo XVIII y desde entonces, muchas han sido las historias que se han escrito y llevado al cine con gran pluralidad de argumentos que giran en torno al eje central del vampirismo. Pero detrás de este mito, existe una historia real de personas, los «sanguinarios», que incluyen la sangre en su dieta. Estas personas tienen la firme convicción de que necesitan consumir sangre para mantenerse sanos, y es por ello por lo que recurren a donantes —o «cisnes negros», como se autodenominan en ocasiones— que les facilitan el fluido tan deseado.

A pesar de que no se sabe con certeza cuántos consumidores de sangre existen hoy en día, se estima que solo en EUA viven al menos 5000 sanguinarios que practican esta extraña y, socialmente rechazada, práctica. En este estilo de vida, la sangre llega a tomar un significado casi místico, como símbolo de vida o poder, y, como tal, una experiencia de bienestar y salud. Pero la ingesta de sangre como estilo de vida saludable y curativo no es algo de nuestra sociedad actual, sino que se remonta a los siglos XVI y XVII cuando muchas personas —especialmente cleros, nobles y médicos— ingerían sangre para tratar afecciones como dolores de cabeza, epilepsia u otras enfermedades. Tenemos relatos históricos en los que la sangre se describe como un elemento vigorizador y revitalizante, fuente de salud y bienestar, que contribuía a alargar la vida, especialmente si se bebía directamente del cuerpo de una persona joven. Con el paso de los años y la evolución de las ciencias médicas, este tipo de práctica fue desapareciendo con la introducción de nuevas formas de tratamiento que nada tienen que ver con la ingesta de sangre.

No obstante, y a pesar del rechazo de esta práctica por parte del colectivo médico, algunos grupos y asociaciones, autodenominados «sanguinarios médicos», lo adoptaron como estilo de vida saludable, alegando necesitar consumir sangre por motivos de vitalidad y salud. Estas personas llegan a confesar que cuando han intentado eliminar el consumo de sangre de sus dietas, se han sentido débiles, entumecidos y enfermos físicamente. Hasta qué punto este malestar ante la ausencia de sangre es algo real o somático, con una base psicológica o con una adicción en la trastienda, hoy en día no se puede explicar debido a la falta de estudios e investigaciones sobre este tipo de práctica.

Pero lejos de esta práctica adoptada como forma de vida saludable, hallamos un vampirismo más retorcido y patológico, que no debemos confundir con las comunidades que defienden la ingesta de sangre como fuente de salud. En algunas ocasiones, beber sangre humana esconde un fetichismo erótico y sexual más de tipo parafílico en el que la sangre es el fetiche que despierta un intenso deseo. En este comportamiento desviado, el sujeto halla el placer y el éxtasis sexual mediante las fantasías y prácticas en las que el oro rojo es el protagonista, y en las que puede llegar a vincularse el placer con el sufrimiento ajeno. De algún modo, el sujeto vincula todo tipo de rituales con la sangre, incluida la ingesta, al deleite y a la excitación sexual. Las personas que presentan este tipo de comportamiento afirman que la sangre es una necesidad imprescindible para alcanzar no solo la subsistencia propia, sino el placer y excitación que no logran mediante otras vías.

Esta forma de desviación la publicó por primera vez Herschel Prins, en 1985 y, posteriormente en 1992 por Richard Noll, quien describió esta condición clínica y la denominó como síndrome de Renfield. No obstante, y a pesar del recorrido que ha tenido este tipo de prácticas a lo largo de los años, hay que mencionar que este síndrome no es una categoría aceptada oficialmente por la comunidad científica y médica de ninguna parte del mundo, no siendo incluido en el DSM-5 —Manual Diagnóstico y Estadístico de Trastornos Mentales— de la American Psychiatric Association, ni tampoco en el CIE-10 —Clasificación Internacional de Enfermedades— de la Organización Mundial de la Salud.

Muchos especialistas en salud mental coinciden en que este tipo de comportamiento está vinculado, en muchas ocasiones, al sadismo, el cual impulsa a dañar y agredir a terceros buscando el placer y la excitación que no se alcanza mediante otro tipo de conductas sexuales más ordinarias. En esta práctica, la sangre constituiría el estímulo disparador de la excitación sexual, y en algunos casos más aberrantes, también se incluirían las formas y medios violentos de cómo se consigue dicha sangre, En el caso de la condesa Báthory, observamos como, más allá de su convencimiento de que la sangre le otorgaría la juventud eterna, esta experimentaba el mayor de los placeres al observar cómo sus sirvientes torturaban y practicaban todo tipo de mutilaciones y sacrificios a sus víctimas, llegando a experimentar orgasmos intensos hasta quedar inconsciente durante estas orgías sangrientas.

Es más, la mayoría de los psicólogos y psiquiatras que han estudiado el vampirismo sugieren que esta necesidad y deseo por beber sangre, así como el placer que se experimenta al hacerlo, podría estar relacionado con algún tipo de trastorno mental. Los investigadores han asociado esta forma de comportamiento con una esquizofrenia paranoide, como vimos en el caso de Richard Trenton Chase, quien se creía un vampiro real o el barón Roman von Ungern-Sternberg quien creía ser la reencarnación del dios Mahakala. Especialistas en salud mental también han podido asociar este vampirismo a un trastorno disociativo, conocido comúnmente como personalidad múltiple, que consistiría en la aparición alterna de dos o más identidades o alter ego. ¿Podría haber sido este el caso de la condesa Báthory? ¿Nos hallamos nuevamente ante una persona con un trastorno psicótico gobernado por el delirio de conseguir la belleza y la juventud eterna mediante la ingesta de sangre humana? Tal vez eso podría explicar su necesidad casi imperiosa de beber y bañarse en sangre, pero el lado perverso, sádico y brutal con el que torturaba y mutilaba a sus víctimas va más allá de cualquier delirio o estilo de vida en el que pueda adoptarse la sangre como fuente de vitalidad y salud. La violencia, crueldad y ensañamiento de la condesa con sus víctimas inocentes no formarían parte de un trastorno del espectro psicótico, sino más bien, de una personalidad sádica e inhumana.

Así, más allá de sus convicciones respecto al poder revitalizante de la sangre y su uso como tratamiento de belleza y juventud eterna, los comportamientos depravados y el lado salvaje con el que torturaba, mutilaba y vejaba a sus víctimas responden más a una personalidad fría, sádica y perversa, que a un trastorno mental como puede ser una psicosis. La naturaleza cruel de sus comportamientos, la precisión con la que llevaba a cabo sus asesinatos y el hecho de que escondiera los cadáveres para impedir dejar rastro, nos conducen a pensar que la condesa era plenamente consciente de la atrocidad de sus actos criminales. Incluso llegó a esconder y adaptar las estancias en las que realizaba tales barbaridades con el fin de evitar que se oyeran los gritos de sus víctimas. Esta forma de actuar, premeditada y elaborada responde más a una personalidad fría y calculadora que a la mente perturbada de una asesina enferma mental, quien mantiene una conducta criminal más desorganizada y caótica, sin la planificación y deliberación del parricida psicópata.

Del mismo modo, destaca la capacidad de seducción y manipulación de la que gozaba. Cierto es que sus estatus y posición social facilitaban que todo el mundo la obedeciera y respondiera a sus órdenes. No obstante, sorprende su capacidad para hacer que sus víctimas confiaran en ella a pesar de la fama que empezaba a extenderse por el territorio, y especialmente, la capacidad de incluir y arrastrar a sus sirvientes para sucumbir a sus impulsos más sádicos y aberrantes. Llegando incluso a tener la iniciativa de proponerle a la condesa nuevas formas para matar y esconder los cuerpos. Esta capacidad de manipulación y convicción la hemos visto con anterioridad en el caso de muchos psicópatas sexuales y sádicos como Albert Fish que lograba que sus víctimas se adentraran con él en el bosque, o Henry Lee Lucas quien conseguía que inocentes subieran en el coche de un desconocido en plena autopista. También debemos mencionar que, como sucede en muchos otros de los casos de asesinos seriales comentados, Báthory mantenía una doble vida, puesto que cuando no sucumbía a sus deseos sangrientos de torturas, vejaciones y mutilaciones, ejercía de madre y esposa dulce y ejemplar, cariñosa con sus niños y encantadora con su esposo.

Y finalmente, la falta de remordimiento y culpa por sus acciones, la falta de empatía con sus víctimas jóvenes, así como el no entender el porqué de ser juzgada y condenada nos recuerdan mucho a los asesinos en serie que lejos de sentirse culpables se enorgullecen de sus acciones delictivas. Fueron precisamente esta aparente carencia emocional de la condesa Báthory, su sentimiento de superioridad, su necesidad de poder y su extraño sentido de invulnerabilidad y omnipotencia los que, como ha sucedido con muchos otros criminales, probablemente condujeron a la condesa Báthory a cometer actos más irracionales y estúpidos que supusieron su encarcelamiento y fin.

Por otro lado, recordemos que, según narran los documentos históricos, probablemente la condesa Báthory, como sucedió en el caso de Sörgel, sufría de epilepsia, una de las dolencias tratadas por los curanderos de aquel entonces mediante la ingesta de sangre. ¿Pudo ser ese el desencadenante de la pasión de la condesa Báthory por beber sangre? ¿Pudo iniciarse en el vampirismo como forma de tratamiento de la enfermedad y posteriormente adquirir una forma más pérfida y cruel en las formas de cómo obtenía la sangre? En caso de ser así, ¿qué impulsó a la condesa Báthory a adentrarse en ese mundo de torturas y vejaciones que la hicieron pasar a la historia como la Condesa Sangrienta? Estudiando su forma de actuar, y teniendo en cuenta la época en la que vivió, podemos pensar que fueron la peligrosa combinación de esa personalidad sádica y agresiva, la ferviente convicción de los poderes mágicos de la sangre y la cultura popular en la que la tortura estaba a la orden del día las que condujeron a la condesa Báthory a realizar tales atrocidades.

Sorprende, en el caso de la condesa Báthory, la crueldad con la que asesinaba a sus víctimas, más propia de criminales varones que de asesinas mujeres, quienes tienden a buscar formas de matar más sutiles y menos agresivas, como con la muerte por envenenamiento. Sin embargo, lejos de cometer asesinatos que pudieran pasar desapercibidos, mataba y asesinaba de las formas más crueles y despiadadas que pudieran imaginarse, disfrutando con ello y experimentando placer con las torturas más retorcidas.

No podemos ignorar que Erzébet Báthory fue una noble del siglo XVI por lo que sus comportamientos y creencias deben enmarcarse en una sociedad en la que la brujería, los rituales y la tortura como forma de castigo formaban parte de la cultura popular. Así, debe tenerse en cuenta que, a pesar de que podemos relacionar a Báthory con la condición de psicópata, dadas sus perversiones sádicas y sexuales con el sufrimiento ajeno, los diagnósticos relacionados con la personalidad deben siempre enmarcarse en un contexto social y temporal concreto puesto que son consideradas desviaciones en los comportamientos, emociones y formas de pensamiento que se apartan de lo que se considera habitual en la cultura del individuo.

Otra cuestión que no podemos pasar por alto es la influencia que pudo tener su familia en el desarrollo de la brutal personalidad de la condesa. A diferencia de muchos asesinos que hemos visto, Báthory no provenía de una familia desestructurada y humilde, sino que pertenecía a la alta sociedad húngara, estatus que pudo facilitar que ejerciera su poder sobre la plebe y que creciera viendo el castigo severo como algo normal. Además, entre sus antepasados, encontramos una tía que destacó por participar en orgías sexuales con mujeres y por matar a sus maridos, y a varios miembros de la familia que ya mostraron interés por la sangre y los rituales de brujería. No es difícil pensar que, probablemente, el ambiente en el que se crio, donde la sangre y la tortura de sirvientes era algo habitual, pudo condicionar y contribuir de alguna manera al nacimiento de esa personalidad sádica que la caracterizó, y al desarrollo de su sangrienta trayectoria de violencia y asesinatos.

Como hemos visto, no todos los vampiros llevan una vida de crímenes y asesinatos, sino que, incluso hoy en día, un amplio colectivo de sangrientos son capaces de conciliar su vida vampírica con un funcionamiento totalmente integrado en nuestra sociedad. Pero por alguna extraña razón que aún desconocemos, probablemente relacionada con una personalidad psicopática de base, algunos de ellos sucumben a la violencia y matanza para hacerse con la sangre de sus víctimas. Hemos visto que, en muchos casos, este paso hacia su carrera criminal se inicia matando y alimentándose de animales, como vimos en Richard Trenton Chase, Eusebius Pieydagnelle o Antoine

Léger, para posteriormente continuar asesinando y bebiendo la sangre de los humanos. Qué desata ese cambio en su dieta y en sus víctimas, o lo que es lo mismo, en qué momento uno decide dejar de matar animales para continuar con personas, sigue siendo un misterio para los investigadores hoy en día.

Tampoco debemos confundir los individuos que matan con el objetivo de conseguir la sangre para alimentarse donde la sangre es el objeto principal para sucumbir al mayor de los placeres, de los sujetos que beben la sangre o se alimentan de las vísceras de los cadáveres como forma de culminar su dominio y poder sobre sus víctimas, como sucedía en el caso de Andrei Chikatilo u Ottis Elwood. En estos últimos, el beber la sangre constituiría la culminación del placer de matar y torturar, mientras que en otros casos el crimen, por placentero que resultara, sería únicamente una vía para la obtención del fluido rojo.

De todos los casos que aparecen en este libro, y en muchos otros que existen o han existido en la historia del vampirismo, debemos plantearnos cuáles de ellos podrían esconder una base psicótica cargada de ideación delirante relacionada con la sangre; cuáles presentarían algún tipo de malformación o dolencia cerebral que pudiera explicar este tipo de comportamientos aberrantes, y en cuáles nos hallaríamos simplemente ante sádicos sedientos de la sangre y sufrimiento ajenos que les hicieran experimentar el mayor de los placeres sexuales.

A pesar de que, hoy en día, esta fascinación de algunas personas por la sangre y todo lo relacionado con ella aún suscita mucho interés por parte de los investigadores, no ha logrado alcanzarse un consenso respecto a las motivaciones y causas que expliquen esta necesidad y que nos permitan comprender el porqué de estos comportamientos. No obstante, es evidente que los sangrientos, vampiros y amantes de la sangre han existido a lo largo de los siglos, y seguirán existiendo en nuestra sociedad del mundo moderno.

Amor materno enfermizo

El amor materno-filial ha sido una constante universal desde que el ser humano camina por este mundo. En psicología hay varios conceptos —Edipo, Electra, Agripina, Münchhausen— que definen este tipo de relaciones. En el caso que nos ocupa, estos dos personajes desarrollaron un amor materno enfermizo. Una a través de la conservación de parte de su cuerpo, la otra creando uno que será imagen y semejanza de un pensamiento idealizado de la realidad. La primera nos recuerda a Carl Tanzler —aquel médico enamorado de una paciente que decidió embalsamarla para poder seguir gozando de ella—, la otra podríamos decir que es la versión moderna de Víctor Frankenstein.

José María Ruiz de Lihory y Pardines (1852-1920) fue barón de Alcalí y San Juan de Mosquera, alcalde de Valencia, diputado a cortes y abogado. Casado con Soledad Resino de la Bastida (1866-1938), marquesa de Villasante y condesa de Val de Águila. El matrimonio tuvo dos hijas: Soledad (1887-1962) y Margarita (1893-1968). Soledad se casó con Manuel de la Viña y Masip. La mayor heredó todos los títulos nobiliarios, mientras que Margarita era conocida como Regina dels Jocs Florals de Lo Rat Penat de 1907. Esta asociación cultural valenciana estuvo dirigida por su padre de 1903 a 1908 y de 1912 a 1915. Margarita tuvo varios pleitos con su hermana, pues decía que era poseedora de los títulos nobiliarios sin tenerlos. A pesar de ello, siempre mantuvo esta usurpación nobiliaria, sin importarle lo que pudiera decir su hermana o las leyes.

Margarita se casó a los diecisiete años con Ricardo Shelly Correa (1881-1941). Era socio de la empresa de seguros La Equitativa. Sobre su marido comentó que

> ...causaba sensación por lo excepcional de sus atuendos, y porque siempre llegaba a casa a recogerme con el sombrero en la mano izquierda y un ramo de rosas blancas en la derecha... Fuimos novios durante tres años en los que nunca faltaron ramos de flores en mi habitación... Corría el año 1909 y debo decir que aquella fue una época tranquila pero extraña. Mi mundo seguía todavía intacto y a salvo. Creo que estaba enamorada, o al menos, en aquellos días, creía estarlo, lo cual me vendó los ojos, me abrió el corazón y me llevó de cabeza hacia el matrimonio. Me casé con Ricardo el 16 de julio de 1910... Me vestí de blanco porque era símbolo de riqueza, no de pureza como se suele entender. Lo había puesto de moda la reina Victoria de Inglaterra.

El matrimonio tuvo cuatro hijos: Margarita, conocida como Margot; José María, Juan y Luis.

José María Ruiz de Lihory quiso que sus hijas tuvieran una excelente educación. Por eso margarita se licenció en Derecho por la Universidad de Valencia. También estudió dos años medicina, hablaba varios idiomas, tocaba el piano, pintaba, escribía artículos y guiones radiofónicos y poseía el carnet de conducir.

En 1920, tras la muerte de su padre y soportar años de infidelidades, Margarita decidió terminar con su matrimonio. Es en aquel entonces cuando empieza a expresar su feminismo. Entre otras cosas dejó escritas:

La mujer no debe ser instrumento más que de sí misma. Debe buscar su placer, y no el placer del hombre; debe buscar su realización en la vida activa y no solo en el matrimonio. Debe participar activamente en la política, en el trabajo, en la lucha.

No se puede imaginar el placer de descubrir que te puedes valer por ti misma, que no necesitas a un hombre a tu lado para dirigir tu vida, tus finanzas, tus intereses o inquietudes. Ya era independiente por primera vez en mi vida, y el precio que tuve que pagar fue renunciar a todo lo que tenía en ese momento. Me separé de Ricardo para poder respirar y, la primera bocanada, descubrí un mundo tan enorme y seductor que como iba a desear volver al matrimonio.

Yo no estaba dispuesta a servirle de coneja, a que me hiciera un hijo cada año y, por añadidura me contagiara alguna enfermedad, pues era muy aficionado a verse con otras mujeres.

Al abandonar a su marido dejó a sus cuatro hijos al cuidado de su abuela, Micaela de la Bastida y Teijeiro. Por aquella época conoció a Miguel Primo de Rivera. Entre ambos nació una profunda amistad, según comentó Margarita a sus más íntimos y conocidos. Fue Primo de Rivera el que le pidió que fuera a Marruecos. Ahí entró a trabajar como corresponsal en *La Correspondencia de España*, escribiendo artículos firmados bajo el seudónimo de Capitán Alí. En Marruecos conoció a Francisco Franco. Pasado el tiempo era la única persona que públicamente podía tutearle y llamarle Paco. Esta confianza, según ella, se debía al hecho de haberle salvado la vida en dos ocasiones. En una de ellas le advirtió de que los marroquíes preparaban un atentado para matarlo. Por ello fue nombrada capitán honorario de las tropas españolas en África. Con este «título» podía pasar revista a las tropas. Según Margarita..., «en una de esas ocasiones se le soltaron las bragas cayéndole falda abajo. No dudó ni en un momento qué hacer. Sin mirar al suelo se las sacudió y las dejó caer por las piernas sin detenerse en su revista a las tropas». Las malas lenguas dicen que los soldados se pelearon por conseguir el trofeo íntimo de Margarita.

En el norte de África actuó como agente doble del Círculo-30 —antecedente del CSID— convirtiéndose en amiga íntima del líder rifeño Abd el-Krim. Según Margarita, «hizo el amor con todas las razas existentes». Aseguraba que si el rebelde rifeño pudo ocupar la zona de Marruecos en 1925 fue gracias a ella. Le gustaba decir que era una doble espía al igual que Margaretha Geertruida Zelle (1876-1917), más conocida como Mata Hari. Existen algunos informes oficiales en los que se confirma la ocupación de Abd el-Krim y sus tropas rebeldes en 1925 de una zona de Marruecos que estaba custodiada por el ejército francés, gracias a Margarita. En agradecimiento conservó una ajorca y un anillo que le regaló, en el que se leía *Mizpah*, que significa «paz en nuestra separación».

De África pasó a los Estados Unidos. En New York, Washington, Chicago, Boston, México, La Habana… dio conferencias, escribió artículos y se dedicó a la pintura. Con esta faceta ganó la medalla de oro del Concurso Nacional de Bellas Artes. Este premio le permitió retratar al presidente de Cuba, Gerardo Machado; al presidente de México, Álvaro Obregón, y al presidente de los Estados Unidos, John Calvin Coolidge. En Estados Unidos estableció una estrecha amistad con Henry Ford, el cual le regaló un collar de perlas.

En 1929 regresó a España al morir su abuela para hacerse cargo de sus hijos. Le pidió a su madre que lo hiciera y ella se marchó a París. De nuevo en España se estableció entre Madrid, Barcelona y Albacete. Se dice que tuvo algo más que una amistad con Lluís Companys, Manuel Silvestre, Miguel Maura, Serafín Iriarte Echegarria o Manuel Aznar Zubigaray. Mantuvo muy buena relación de amistad con el cardenal Juan

Bautista Benlloch. También tuvo relación con Vicente Blasco Ibáñez. Fue su mentor y le escribió varios guiones. Su amistad con Miguel Maura le permitió ser vocal del Patronato Nacional de Menores y de la Junta de Protección de la Mujer. Asimismo, presentó un reglamento para organizar la agrupación femenina del Partido Republicano Conservador.

La Guerra Civil estalló estando en Barcelona con sus hijos y su madre. Allí, en 1937, durante un bombardeo, tuvieron que ir a un refugio antiaéreo del barrio del Poble Sec donde conoció a José María Bassols Iglesias, un abogado y político catalán. Estaba casado y tenía cuatro hijos. Se enamoró profundamente de Margarita y decidió dejarlo todo para vivir con ella. El matrimonio fue declarado ilegal. Aún estaba casada con Ricardo Shelly. A pesar de ello, convivieron sin preocuparles esa ilegalidad. En 1938 falleció su madre. Una vez terminada la guerra, Margarita y su nueva pareja se trasladaron a Albacete y, posteriormente, a Madrid. Es a partir de ese momento cuando comenzaron toda una serie de litigios para recuperar las propiedades que les habían incautado los republicanos durante la Guerra Civil.

Margarita Ruiz de Lihory mezcló la realidad con la ficción. Algunos consideran que sus aventuras como espía forman parte de su imaginario. Lo mismo sucede con sus devaneos amorosos. La suplantación de los títulos nobiliarios es otra. Llegó a afirmar que habitantes de UMMO vivieron en su palacio de Albacete. Poco creíble hoy en día, pero en la España de los años sesenta del siglo pasado, consiguió cierta repercusión. ¿Qué es esto de UMMO?

UMMO era un exoplaneta cuyos habitantes se habían puesto en contacto con personas de la Tierra. El planeta orbitaba alrededor de la estrella enana roja Wolf 424. Sobre su planeta comentaban que «procedemos de un astro solidificado cuyas características geológicas externas difieren un tanto de las de la TIERRA. El fonema tópico con que designamos a nuestro OYAA puede transcribirse con la ortografía en idioma castellano: UMMO». Todo ese mundo fue explicado en las cartas recibidas. Desde sus naves espaciales, al origen de las especies, pasando por WOA = Dios. Todo era un montaje ideado por el vicepresidente de la Sociedad Española de Parapsicología, José Luis Jordán Peña. Los ummitas habían llegado a la Tierra un 28 de marzo de 1950 aterrizando muy cerca de La Javie en los Bajos Alpes franceses. Allí contactaron con los primeros humanos, disfrazados para que no los reconociesen y comenzaron a investigar el planeta: costumbres, cultura, lenguaje, etc. Desde 1954, en España, un grupo de ufólogos dirigidos por Fernando Sesma y José Luis Jordán Peña dieron rienda suelta a este timo. Ambos se inventaron ficticios aterrizajes de ovnis en Aluche y San José de Valderas, implicaron a reconocidos periodistas y escritores, la CIA, la KGB, la lucha antifranquista y el servicio secreto español, el entonces CESED. Además de dar origen a sectas que se hicieron ricas con la fe y la desesperación, como Edelweiss, fundada por Eduardo González Arenas, o los Amigos de los Hermanos de UMMO.

Margarita Ruiz de Lihory aseguraba que los ummitas se habían puesto en contacto con ella y que durante dos años habían realizado experimentos biológicos con numerosos animales. Ella al principio no sabía que eran extraterrestres. Se presentaron como médicos extranjeros. Solo con el tiempo supo la verdad. Los culpabilizaba de la muerte de su hija Margot, que por aquel entonces residía en el palacio de Albacete. Parece ser que los ummitas trajeron un virus del espacio exterior. Este se escapó de su control, afectando a animales y a Margot. Hasta seis focos virales se localizaron en el cuerpo de la joven, todos ellos suficientemente profundos para no tener su irradiación exterior, pero en cambio presentando la dificultad inherente a su localización; al no poder ser destruidos a distancia. Estos focos virales provocaron su muerte.

Los supuestos ummitas en realidad existieron. No eran extraterrestres. Decían ser dos científicos provenientes de Europa del Norte, con pasaportes falsos canadienses. Se sospechó que eran un coronel y un capitán de las SS que habían experimentado en campos de exterminio con cobayas humanas. Se rumoreó que estaban investigando sobre armas bacteriológicas, con la protección del Gobierno español, en un laboratorio montado en los sótanos del palacio. Eran conocidos por dos nombres falsos: George Framrenberg y Schmidt.

¿Qué ocurrió realmente con Margot Shelly Ruiz de Lihory? La realidad es que padecía leucemia y murió como consecuencia de un enfisema pulmonar. Margarita «Margot» Shelly Ruiz de Lihory falleció en Madrid el 19 de enero de 1954. Cuando le diagnosticaron leucemia su madre le pidió que viajara de Albacete a Madrid, para ser tratada por los médicos. En Albacete tenía un novio, José Panadero, que murió poco tiempo después. Ese día los médicos certificaron su muerte a los treinta y seis años. Complicaciones derivadas de su enfermedad derivaron en un enfisema pulmonar y su muerte. Hasta aquí todo correcto. Sin embargo, el 30 de enero de 1954 se presentó ante el Juzgado de Instrucción número 14 de Madrid un hombre llamado Luis Shelly Ruiz de Lihory. Hermano de la difunta. Este personaje era conocido por haber sido procesado varias veces por estafa e incluso encarcelado. A lo largo de los años intentó, en más de una ocasión y sin éxito, invalidar a su madre por incapacidad mental para hacerse así con todos los bienes familiares. Su madre opinaba de él que «mi hijo Luis, que nunca se comportó como un auténtico Ruiz de Lihory, que ha estado preso en más cárceles de las que puedo recordar, que me ha estafado y engañado y al que aun así he vuelto a perdonar». Pues bien, aquel día presentó una denuncia contra su madre en los siguientes términos:

Que su madre, que habitaba en la calle Princesa número 72 de Madrid, de unos sesenta y siete años, tiene la costumbre o monomanía de tener siempre gran número de animales en casa y fuera del domicilio, a veces hasta en número de cuarenta. Que su madre sentía un amor desmedido por los animales, manteniendo en dicho domicilio a diecisiete perros, tres gatos, diez o doce canarios y dos tórtolas. Lo grave es que cuando los animales mueren procede personalmente a su disección, cortándoles la lengua, sacándoles el corazón y arrancándoles el pellejo.

Hasta aquí nada extraño. La taxidermia no estaba prohibida en España. Ahora bien, Luis Shelly fue un poco más allá. Le explicó al juez que el 19 de enero de 1954 encontró sobre la cama —donde yacía el cadáver de su hermana— unas tijeras y unas pinzas. Estos utensilios los usaba su madre para llevar a cabo la taxidermia. Comentó que la criada de la casa, Luisa Bayarri Zaragoza, le comentó que la señora le había pedido una garrafa grande de alcohol y un paquete grande de algodón. Luisa Bayarri le aseguró que la señora se había quedado sola, en la habitación, con el cadáver de su hija. Luis Shelly añadió que su madre les impidió velar el cadáver, pasando ella y su marido toda la noche al lado del cadáver de Margot. Al día siguiente tampoco pudieron verlo. El 21 de enero de 1954 el cadáver de Margot fue introducido dentro del ataúd y, por expreso deseo de su madre, cerrado para que nadie pudiera observarla. Luisa Bayarri le comentó a Luis Shelly que la señora había cortado algunos mechones de cabello como recuerdo.

Después del entierro, Luis Shelly pudo entrar en la habitación de Margot. Siguiendo con el testimonio aportado al juzgado encontró un cuchillo muy afilado y una tabla para comer carne. Luis Shelly afirmó que su madre había mutilado a Margot antes de enterrarla. Denunció a su madre —sin pruebas— por haber cometido un delito al profanar el cadáver de su hermana.

El juez Aguado, ante tal afirmación, le ordenó a la Brigada de Investigación Criminal que registrara el domicilio de Margarita Ruiz de Lihory. Lo que encontraron a más de uno le produjo escalofríos. En la habitación de Margot encontraron una vasija de plástico con una tapa de color roja. En el interior había la mano derecha de una mujer seccionada por la muñeca. La mano estaba conservada en alcohol. En el comedor, dentro de una sopera de plata, dos cabezas de perro conservadas en alcohol. En otra habitación dos pies de perro y en un recipiente con vísceras de animal. Un escenario macabro. Cuando descubrieron la mano seccionada, Margarita Ruiz de Lihory hizo ver que se desvanecía. Una vez recuperada le dijo a su marido: «Esto fue el canalla de Luis, que la ha puesto ahí para hacernos chantaje».

El juez ordenó la detención de Margarita Ruiz de Lihory, José María Bassols, Luisa Bayarri y el mayordomo Antonio Tornero. Los liberaron porque, aunque se había encontrado una mano, eso no significaba que se hubiera cometido un crimen. El juez pidió que se exhumara el cadáver de Margot Shelly. Esto se llevó a cabo el 4 de febrero de 1954. Cuando abrieron el ataúd el estupor conmocionó a todos los que se encontraban allí. No solo le había amputado la mano derecha, también el vello púbico, la lengua y los ojos. El juez, ante aquel espectáculo, pidió que se le realizara la autopsia. Esta confirmó que falleció tras una larga enfermedad. También se concluyó que las amputaciones se habían producido *post mortem*.

El juez mandó detener a Margarita Ruiz de Lihory y a José María Bassols. En un posterior registro localizaron, en el cuarto de baño, los ojos y la lengua de Margot. Para defenderse acusó a su hijo Luis Shelly de haber dejado allí esos restos. El matrimonio fue internado en el Instituto Psiquiátrico Penitenciario de Carabanchel. Después de llevar a cabo un análisis psicológico, fueron procesados por delito de profanación de cadáveres y otro contra la salud pública. Se defendió argumentando que las mutilaciones fueron resultado de la adoración que sentía por Margot:

> Mi hija es una santa y quise conservar partes de su cuerpo como reliquias. ¿Acaso los católicos no veneran con respeto la lengua de san Antonio en Padua, el brazo de san Vicente Ferrer en Valencia o el famoso brazo de santa Teresa?

El mayordomo que tenía en Albacete, Andrés Gómez Honrubia, declaró que sucedían cosas extrañas. Dijo que el palacete era el cuartel general de la marquesa, donde estaba el cuarto del moro, un sótano al cual se descendía a través de una trampilla de hierro que solo podía levantarse entre dos personas. En él permanecía muchas horas. Nunca supo exactamente lo que hacía allí, pero reconoció que, con frecuencia, la señora subía con una palidez cadavérica. La sentencia contra el matrimonio decía:

> Por conformidad del fiscal y la defensa, ratificada por los procesados, se declaró probado que la fallecida, una hija de la procesada, esta, horas antes de efectuarse el entierro, y en unión del otro procesado, mutilaron el cadáver separando del mismo la mano derecha, extirpándole los ojos y cortándole el tercio anterior de la lengua, y guardaron todo ello en diversos recipientes en su propio domicilio, donde también conserva gran número de cabezas y vísceras de perros y pájaros. Tales hechos los realizaron con el fin de conservar aquellos miembros como un recuerdo.

No pasó mucho tiempo en la cárcel por los dos delitos que la acusaron. Margarita Ruiz de Lihory falleció en Albacete el 14 de mayo 1968. Su marido, José María Bassols, había fallecido en 1964.

Este es uno de los casos más curiosos dentro de la psicología y criminología internacional. Como si se tratara del doctor Frankenstein, creó su propia criatura y acabó destruyéndola. Aurora Rodríguez Carballeira vivía en El Ferrol. Allí nació el 23 de abril de 1879. Desde esa población decidió llevar a la práctica su plan. Mantuvo relaciones con un hombre —elegido con sumo cuidado y con unas determinadas condiciones— hasta que se quedó embarazada. Según la historiadora Rosa Cal, en *A mí no me doblega nadie,* «el padre era una sacerdote de la Armada llamado probablemente Alberto Pallás». Una vez en estado de embarazo se trasladó a Madrid. Su única intención con ese hombre era quedar embarazada. No le interesaba formar una familia ni menos casarse.

El 9 de diciembre de 1914 nacía en Madrid Hildegart Rodríguez Carballeira. A pesar de no querer saber nada del padre biológico, le permitió que la visitara hasta los cuatro años. A partir de esa edad se lo prohibió, pues consideraba que era una mala influencia. Ella sola moldearía el futuro de su hija:

> Odio la mentira con todas mis fuerzas. La considero como una de las grandes causas de los males de la humanidad. Dudo que el mundo se redima mientras las gentes no se decidan a decir lo que sienten, aunque la confesión ponga en peligro su vida. Acaso por ello tengo tan mal concepto de las mujeres en general. Es difícil descubrir en muchas un solo pensamiento noble, porque no discurren con la cabeza, sino con el sexo.

Este pensamiento procede de su infancia. Vivió la infelicidad de sus padres y culpaba a su madre de ello. En la biblioteca de su padre empezó a leer los clásicos socialistas —Saint Simón, Owen y Fournier— y fue construyendo un mundo que en nada se parecía a la realidad. Quedó marcada por estos pensadores e intentó llevar a la práctica alguna de las teorías allí descritas. Por eso decidió tener una hija. Esta cambiaría el papel de la mujer en el mundo, o al menos esa era su pretensión.

Se obsesionó con educar a su hija. La niña superó las expectativas de su madre. En *De Pepito Arriola a Hildegart*, Francisco Martínez López y Ventura Ferrer Delso escriben:

> Hildegart es un caso asombroso de precocidad, es como su primo Pepito. Pero con una sutil y sensible diferencia: Pepito es la intuición; Hildegart, el método. Pepito Arriola, la improvisación, casi la adivinanza; mi hija el fruto de una educación cuidadosa, de una labor incesante, de un esfuerzo sin principio ni fin.

A los tres años sabía leer; a los diez hablaba inglés, francés y alemán; a los trece años terminó el bachillerato; a los diecisiete años se licenció en Derecho y empezó a estudiar Medicina. La joven dominaba dos temas a la perfección: la filosofía racionalista y la reforma sexual. También hizo carrera política. Se afilió al PSOE y a la UGT y, en 1932, después de ser expulsada se afilió al Partido Federal. Por lo que se refiere a la sexología fundó, con el doctor Gregorio Marañón, la Liga Española por la Reforma Sexual. También mantuvo correspondencia, entre otros, con H. G. Wells y Havelock Ellis. La joven Hildegart empezaba a tener reconocimiento internacional a pesar de sus dieciocho años. También despuntaba dentro del Partido Federal.

La criatura se le estaba escapando de las manos. Había sido invitada para viajar a Londres y Aurora veía que su hija empezaba a volar sola. Eso no podía permitirlo. Aurora empezó a sufrir paranoias. Veía mil y un demonios que rodeaban la figura inmaculada de su hija. Con toda probabilidad aquella joven podía haber cambiado el papel de la mujer en el mundo, pero sin ella. Eso no lo podía permitir. Descubrió que, a pesar de todo, su hija se comportaba como una mujer. Era respetada por todos, pero seguía siendo una mujer y esto la frustró. Aurora llegó a afirmar que «el escultor, tras descubrir la más mínima imperfección en su obra, la destruye».

Aunque solo vivió dieciocho años, la vida intelectual de Hildegart Rodríguez es impresionante. Como hemos dicho, fue una defensora del feminismo, tomando un papel de vanguardia en el momento de defender conceptos novedosos en aquella época como la educación sexual, el control de natalidad, la esterilidad o el divorcio. Hildegart tenía un enorme conocimiento de las últimas novedades jurídicas y sociales a nivel internacional. Para ella la eugenesia era la clave para lograr una sociedad más justa e igualitaria. Esto lo escribió en *El problema eugénico: puntos de vista de una mujer moderna.* Otros libros de Hildegart fueron *La rebeldía sexual de la juventud, La educación sexual, La revolución sexual, La limitación de la prole, Sexo y amor, Malthusismo y neomalthusismo, El control de la natalidad* o *Cómo se curan y se evitan las enfermedades venéreas.* En total publicó dieciséis monografías y más de ciento cincuenta artículos en periódicos como *El Socialista, La Libertad, La Renovación* —órgano de las Juventudes Socialistas— y *La Tierra.* Sus monografías se componen de partes propias y copias de obras de reformadores sexuales internacionales contemporáneos. Algunas de ellas fueron reeditadas póstumamente. La noche del 9 de junio de 1933, sin importarle el futuro prometedor de su hija, solo siguiendo sus propios instintos, mientras Hildegart dormía, le disparó tres tiros en la cabeza y uno en el corazón. Así terminó con su creación.

Durante el juicio Aurora Rodríguez Carballeira reconoció haber matado a su hija y negó que lo hubiera hecho «en un estado de perturbación mental». Declaró que la mató para librarla del mal, para restablecer el orden de la vida, la vuelta de su alma a su plasma materno, parte de él. No hay muerte, hay restablecimiento, eran una misma alma separada en dos cuerpos que han vuelto a unirse, pues Hildegart era parte indisoluble de su «obra». El fiscal determinó que hubo tres causas que determinaron el delito contra Hildegart Rodríguez. ¿Cuáles? El ansia de independencia de la joven; sus supuestos amores con un joven; el decidido propósito de la joven de emprender una vida política activa lejos de su madre. Al darse los tres simultáneamente, según el fiscal, la madre decidió acabar con su vida. Su abogado, Mariano López Luca, la presentó como una demente irresponsable. Por su parte, Antonio Vallejo-Nájera Lobón declaró que no había actuado como una paranoica, sino como una criminal. En opinión de Vallejo-Najera, después de haber cometido el crimen corrió en busca de un abogado de prestigio. Eso no es propio, afirmó, de un paranoico, porque este no piensa nunca en su defensa al creer que le sobran razones para defenderse. Aurora Rodríguez Carballeira sentenció: «Es responsable del acto que se le imputa».

Durante el juicio declararon Clara Campoamor, el diputado Eduardo Barriobero Herrán, el periodista Mariano Sánchez Roca, el poeta Félix Paredes Martín, el escritor Eduardo de Guzmán y el escritor Ezequiel Enderiz. Fue condenada a veintiséis años, ocho meses y un día de prisión. Al conocer la sentencia afirmó:

> Dentro de las normas espirituales al uso, considero lógica la sentencia. Lo que más celebro de ella es que se me haya reconocido la lucidez, la responsabilidad de mis actos. Yo no soy ni esa mujer perversa y desnaturalizada de la que hablaba el fiscal, ni esa paranoica a la que se refirió el defensor. Me considero, al modo de Taine, un espíritu superior, no tanto por mi grandeza intrínseca y positiva, como por la pequeñez y ruindad de los seres que me rodean.

El 18 de julio de 1936, aprovechando la confusión del inicio de la Guerra Civil, abandonó su celda y desapareció. Acabó sus días en el psiquiátrico de Ciempozuelos. Falleció de cáncer el 28 de diciembre de 1955. Su cuerpo fue enterrado en una fosa común.

Análisis Psicológico

Margarita Ruiz de Lihory, noble española del siglo XX, era una gran aficionada a la taxidermia, una práctica consistente en disecar animales para conservarlos con apariencia de vivos y facilitar así su colección, exposición y conservación. Pero su pasión por la compilación de animales disecados iba más allá, puesto que no solo mostró interés por las bestias disecadas, sino que disfrutaba coleccionando miembros amputados de los pobres animales a quienes previamente había diseccionado y mutilado con esmero y gran precisión. Por eso, cuando la policía entró en su domicilio tras la denuncia por profanación interpuesta por uno de sus hijos, halló un sinfín de restos de animales conservados en alcohol, y entre ellos, para mayor horror de los agentes allí presentes, restos humanos pertenecientes a su propia hija fallecida recientemente.

Margarita Ruiz de Lihory, quien mostró desde siempre un especial interés macabro por las defunciones, heredó de su padre su pasión por la muerte y el ocultismo, interesándose por lecturas de tipo esotérico y por una serie de prácticas poco habituales relacionadas con los decesos, las mutilaciones y la vida después de la muerte. Desde muy joven Margarita Ruiz de Lihory ya puso de manifiesto esta inclinación morbosa no solo a través de la mera investigación y lectura, sino mediante rituales que solía practicar en su casa, especialmente con animales muertos.

Este interés ritualista relacionado con la muerte que mostró Margarita Ruiz de Lihory desde siempre lo puso de manifiesto a través del sinfín de lo que ella consideraba reliquias de diversa índole que conservaba en su domicilio. Cuando hablamos de reliquia hacemos referencia a un resto o elemento residual vinculado a una gran carga emocional y a un recuerdo, de contenidos sociohistóricos y en ocasiones, que entraña aspectos necromaníacos. Estos recuerdos pueden estar relacionados con una persona cercana o allegada, pero no deben relacionarse siempre con una carga erótica o sexual, sino que simplemente pueden vincularse con contenidos más emocionales y afectivos.

Pero, si partimos de esta conceptualización de las reliquias y ponemos énfasis en la vinculación afectiva y emocional que uno pueda desarrollar por la persona a quien pertenece ese resto, podríamos llegar a explicar, que no entender, el interés de Margarita Ruiz de Lihory por coleccionar restos de su amada hija. No obstante, sigue asombrándonos a la vez que impactándonos que, de querer conservar a modo de recuerdo algo de su amada hija fallecida, Margarita Ruiz de Lihory escogiera el vello púbico y los ojos de esta, entre otros miembros amputados y atesorados.

Hay que añadir que, el deleite de Margarita Ruiz de Lihory no solo se limitaba a la conservación de tales reliquias, sino que también se extendía a la propia mutilación de los cuerpos, a una amputación y una extirpación de, según declararon los expertos, una precisión quirúrgica. Fue ella misma la encargada de la enucleación de los ojos, la amputación de la mano y la sección de la lengua de su hija recién fallecida. No podemos, sino que escandalizarnos y horrorizarnos al imaginar a la madre desmembrando el cuerpo inerte de su pequeña muerta, deleitándose con la profanación de su cadáver, para posteriormente conservarlo en alcohol en su domicilio. Desde nuestro punto de vista, esto va más allá de la pasión por la conservación de reliquias y la taxidermia.

¿Realmente pretendía Margarita Ruiz de Lihory conservar partes del cuerpo de su hija como reliquias como dijo, o fueron parte de un ritual satánico para inmortalizar a su pequeña? ¿Pudo ser la muerte de su hija una fantástica oportunidad para esta noble española de satisfacer su más morboso interés y curiosidad por la muerte y la mutilación? Se ha visto en muchos casos de asesinos y necrófilos cómo el interés que presentaban por la mutilación, la muerte y la profanación de cuerpos evolucionaba de las primeras prácticas con animales para finalmente dar paso hacia la práctica con seres humanos. ¿Pudo ser este caso uno más entre tantos en los que esta extraña pasión conduce a la persona a pasar de experimentar con animales para satisfacer su curiosidad en personas?

Velasco Escassi, psiquiatra de la época que pudo estudiar de cerca el caso de Margarita Ruiz de Lihory, no halló en esta mujer trastornos mentales ni alteraciones necrófilas que explicaran el comportamiento extravagante que presentaba. Este especialista atribuyó su pasión por la colección de restos de animales y humanos al interés y curiosidad que presentaba en la colección de reliquias.

Algo que despierta la curiosidad de cualquiera es que a pesar de la pasión y el amor que Margarita Ruiz de Lihory profanaba hacia su hija, llegando incluso a conservar partes de su cuerpo a modo de reliquia, esta señora no fue precisamente una madre ejemplar volcada en el cuidado y la atención de sus hijos. Recordemos que, tras separarse de su marido, Margarita Ruiz de Lihory dejó a sus pequeños al cargo y cuidado de su abuela, y a la muerte de esta, a cargo de su madre, desvinculándose totalmente de ellos para poder hacer su vida de forma independiente. Así, no parece que Margarita Ruiz de Lihory tuviera un apego muy estrecho con sus hijos, ni un instinto maternal muy arraigado, por lo que sorprende que posteriormente defendiera ese amor incondicional y pasión por su hija fallecida, para explicar la motivación para desmembrar el cadáver de esta, y conservar ciertas partes de este.

No solo se dedicó a conservar restos de su hija fallecida, sino que Margarita Ruiz de Lihory anteriormente ya había presentado comportamientos y aficiones similares al conservar en alcohol restos biológicos de otros de sus hijos, como vestigios de sangre tras una sangría de una de sus hijas o un trozo del apéndice tras una operación de otro de sus hijos.

La evaluación psiquiátrica forense de Margarita Ruiz de Lihory, realizada por tres especialistas designados por el tribunal, ha sido fuertemente cuestionada por otros especialistas del campo puesto que los evidentes síntomas delirantes que presentaba la paciente fueron ignorados, por lo que el estatus de normalidad dictado por los peritos no hace, sino, que despertar una gran incredulidad y desconfianza entre el gremio de especialistas en salud mental.

Para hablar de su condición psiquiátrica no podemos solo centrarnos en los citados comportamientos ritualistas y macabros relacionados con la muerte y la conservación de miembros, sino que no podemos omitir otros comportamientos sospechosos. A pesar de que el psiquiatra que la evaluó descartó la presencia de patologías mentales, algo había en la mente de esta extravagante a la vez que inteligente mujer, excepcional para su época, para divagar con fantasías y teorías conspiratorias con extraterrestres y agentes patógenos. No contamos con toda la información precisa para poder hacer afirmaciones aseverativas acerca del estado mental de Margarita Ruiz de Lihory, pero cuando oímos hablar de teorías sobre estudios por parte de alienígenas, no podemos evitar pensar en la presencia de algún tipo de ideación delirante que nos conduciría a plantearnos la posibilidad de que esta mujer pudiera padecer algún tipo de trastorno de la esfera psicótica.

A pesar de que gozaba de una buena situación económica y un estatus social alto, era bien sabido que Margarita Ruiz de Lihory vivió por encima de sus posibilidades, incluso mostrando una posición nobiliaria y unos privilegios de los que en realidad no gozaba. Esta fachada que mostraba muestra una importante necesidad de reconocimiento social y público, un afán por mostrar un estilo de vida que en realidad no poseía, incluso han llegado a cuestionarse ciertas historias que corren sobre sus relaciones y su influencia en la España de la época. Además, sus afirmaciones sobre su implicación con extraterrestres procedentes de UMMO, con quienes colaboraba, y los relatos sobre sus destacadas hazañas como espía y como colaboradora de experimentaciones nazis muestran una ideación de conseguir grandes logros e hitos difíciles de alcanzar para cualquiera. Este anhelo de posicionamiento público, su tendencia a sobreestimar su capacidad y sus hazañas y su estilo de vida por encima de sus posibilidades nos hacen sospechar de un trastorno delirante de tipo megalomaníaco. En realidad, no podemos evitar preguntarnos si la vida de esta noble española, cuyo amor se disputaban los más influyentes personajes de la época, quien se dedicó al espionaje internacional y a quien recurrieron nazis y alienígenas para sus investigaciones y experimentos personales fue tan fascinante como aparentemente se describe o no fue sino fruto de las fantasías de una mente adentrada en una ideación delirante consolidada y arraigada.

En cualquier caso, acertado o no, si el informe forense elaborado por un equipo de psiquiatras dictaminó que Margarita Ruiz de Lihory no presentaba síntomas compatibles con ningún trastorno mental, y, por lo tanto, se hallaba completamente cuerda a la hora de cometer tales aberraciones con el cuerpo de su hija, ¿cuál es la razón que empujó al tribunal a ingresar a esta noble en un hospital psiquiátrico y no en un centro penitenciario común? ¿Pudo haber más información de la que disponemos y que nunca llegó a ver la luz, tal vez por el estatus de la noble, que la condujeran a un ingreso psiquiátrico? ¿Estaba su estado mental totalmente conservado como dijeron los especialistas, pero su estatus nobiliario le otorgó cierta protección y privilegios para poder disfrutar de una condena más permisiva en psiquiatría que en una penitenciaría ordinaria?

Son muchas las personas que necesitan aferrarse a los recuerdos de los seres queridos fallecidos para poder sobrellevar su pérdida y de este modo, tenerlos más presentes. Pero la profanación y amputación del cuerpo sin vida de una hija, y su conservación en alcohol a modo de reliquia va más allá de la necesidad de conservar vivo el recuerdo del difunto. A nuestro modo de ver, Margarita Ruiz de Lihory sobrepasó los límites con sus comportamientos macabros al profanar de ese modo el cuerpo de su hija fallecida. ¿Amor materno u obsesión delirante? ¿Fue el comportamiento extravagante de Margarita Ruiz de Lihory fruto del amor que profesaba por su pequeña o fue una mera culminación de su pasión siniestra por la muerte, el ocultismo y el ritualismo?

El caso de Margarita Ruiz de Lihory nos conduce a plantearnos cuestiones relativas al apego materno. ¿Tiene el amor materno límites? Sabemos que el vínculo que se establece entre una madre y su bebé es un potente vínculo difícil de explicar y comprender, incluso para los propios padres. Este vínculo se puede observar en el mundo animal en el que las madres protegen a sus cachorros con sus propias vidas, y lo hemos visto en las madres que harían cualquier cosa por sus retoños. Pero ¿quién establece los límites en ese vínculo con los propios hijos? ¿Hasta dónde puede llegar el amor de una madre por su vástago?

Esta misma cuestión aparece cuando analizamos el caso de Aurora Rodríguez Carballeira. Todos los padres desean lo mejor para sus hijos. Quieren que estos lleguen lejos, que sean una versión mejorada de sí mismos. Que alcancen el éxito, la felicidad y la plenitud en la vida. Lo quieren todo para ellos. Pero en el caso de Aurora Rodríguez, ¿fue amor materno o delirio de grandeza y supremacía?

Desde su tierna infancia Aurora Rodríguez mostró su rebeldía y firme voluntad, con ideas propias e ideologías fuera de lo común para la época y su edad, por lo que en casa era apodada con los sobrenombres de Rebeldía e Ilusión. Rehuía del trato con otros niños y se limitaba a relacionarse con adultos del entorno intelectual del padre, de quien heredó su interés por la política, la sociedad, la anarquía y autores como Marx. Ya desde pequeña evitó tratar con otras personas de su mismo sexo a quienes consideraba inferiores a ella y por las que manifestaba rechazo absoluto, limitando su círculo a hombres maduros, que compartían sus teorías y con quienes podía discutir y sentirse comprendida. Sentimiento de superioridad.

La muerte del padre, con quien mantenía un vínculo especial al convertirse en el confesor con quien compartir teorías y discusiones de igual a igual, fue un punto de inflexión en la vida de Aurora Rodríguez. Su muerte la animó a convertir sus teorías eugenésicas en una realidad al engendrar una criatura en las óptimas condiciones para que llegara a ser un modelo de perfección intelectual y cuya misión sería la de realizar la obra de reforma de la humanidad que ella consideraba tan necesaria. Obviamente, sería la misma Aurora Rodríguez la responsable de cultivar la educación, valores y principios de esta criatura, bajo sus criterios personales de la eugenesia fruto de las lecturas y meditaciones llevadas a cabo a lo largo de tantos años en la biblioteca de su padre.

Los principios y teorías en los que se basaba Aurora partían de la eugenesia, una filosofía social nacida a finales del siglo XIX que defiende la mejora de los rasgos humanos mediante formas de intervención manipulada y métodos selectivos de humanos. Esta corriente persigue el aumento de personas más fuertes e inteligentes evitando la procreación de sujetos que no presenten las cualidades adecuadas y potenciando el maltusianismo y el natalismo selectivo, llegando en algunos casos, al genocidio. Esta ideación supremacista ha sido, y sigue siendo, muy cuestionada por muchos colectivos sociales e incluso científicos, quienes rechazan de forma tajante los ideales y métodos para la persecución de una raza humana superior.

No podemos pasar por alto el carácterególatra y narcisista del propósito de vida de Aurora Rodríguez quien, con una actitud altanera, se creyó con derecho, desde su evidente superioridad, de dirigir la educación y crianza del proyecto que guiará a la sociedad hacia la superioridad de la humanidad. Con total omnipotencia, ella era la única responsable de una hazaña de tales dimensiones y repercusiones. Su sentimiento de superioridad, su arrogancia, su desdén hacia todos aquellos que consideraba inferiores y su selección a la hora de relacionarse únicamente con personas que consideraba que pudieran estar a su nivel, dejaban entrever una evidente personalidad narcisista. Ese sentimiento de superioridad ya quedó evidenciado cuando asumió la educación y crianza del hijo de su hermana a quien consideraba, a pesar de ser mayor que ella, una inepta y estúpida para asumir el cuidado del niño. De este modo, y solo bajo sus directrices y métodos educativos, su sobrino llegaría a convertirse en un genio.

Pero no podemos limitarnos solo a cuestionarnos la existencia de una base de personalidad de este tipo, sino que sus aires de grandeza y omnipotencia, su superioridad y su hinchada autoestima nos conducen a cuestionarnos la posibilidad de la presencia de un delirio megalomaníaco o de grandeza. En este caso, el autoconcepto de superioridad y esta autoestima desmesurada podrían haberla llegado a sesgar y alterar su percepción de la realidad, desembocando en un trastorno delirante.

Aquí, nos asaltan algunas reflexiones que no podemos evitar cuestionarnos, y es que esa búsqueda de la perfección y de la mejora de la raza humana que persigue la eugenesia, ¿no esconde en sí misma una actitud narcisista de superioridad ética, moral e intelectual? Es decir, ¿son los ideales de esta filosofía social premisas narcisistas yególatras de quienes se creen con derecho de, mediante sus métodos, en muchos casos muy cuestionados, hacer una selección natural para alcanzar la perfección humana? En el caso de que, llegados a este punto, el lector no haya caído en la cuenta, debemos recordar que los ideales del movimiento nazi surgido en la Alemania de principios del siglo XX también se basaban en la eugenesia al perseguir la superioridad de la raza aria eliminando la cadena hereditaria de aquellos que no alcanzaban la perfección. ¿Podríamos también aquí hablar de delirio eugenésico nazi? No es nada nuevo que muchos estudiosos de la psique humana han relacionado a Hitler, líder del régimen nazi, con un trastorno delirante de megalomanía que, desde su superioridad, llegó al genocidio y exterminio de millones de personas en su búsqueda de la perfección de la raza.

Aferrándose en las ideas de una humanidad superior para reconstruir una sociedad óptima, Aurora Rodríguez se embarcó en un proyecto personal para crear su obra maestra que lo cambiaría todo. Así, Hildegart no era en realidad su hija sino su proyecto, su obra, su criatura engendrada para alcanzar la perfección y mejorar la humanidad. Un proyecto ambicioso y ególatra que solo podía llevar a cabo Aurora, quien siempre se sintió por encima de los demás a quienes consideraba unos estúpidos ignorantes.

> Quiero hacer constar de manera rotunda y categórica que Hildegart no llegó a la vida por casualidad, ni por el simple deseo de sus padres de engendrarla (…) No era producto de una ciega pasión sexual, sino un plan perfectamente preparado, ejecutado con precisión matemática y con una finalidad concreta.

Así, de forma fría y calculadora, con minuciosa cautela y método, diseñó el plan a llevar a cabo para optimizar el proceso que alcanzaría la perfección. Y en este plan no había espacio para la dulzura, los sentimientos o el placer. Hildegart fue criada en la más absoluta frialdad de su creadora, llegando a vanagloriarse esta de no haber acariciado a su hija más que en muy contadas ocasiones y ya muy crecida. No sabemos si este método educativo carente de afectividad formaba parte del plan pedagógico de Aurora Rodríguez para alcanzar la supremacía intelectual o no era más que el resultado del ambiente frío y poco emotivo en el que había sido criada ella. En realidad, Aurora Rodríguez no solo no llegó a desarrollar un vínculo maternofilial con Hildegart, sino que, como buena narcisista, nunca mostró ningún tipo de apego por los otros, con quienes solía mantener únicamente relaciones de las que aprovecharse en su propio beneficio. En el caso de su padre, nutrirse de sus conocimientos intelectuales; con el padre biológico de su hija, fecundarse, y con Hildegart, alcanzar la superioridad intelectual para mejorar la humanidad.

Aurora Rodríguez no se separó en ningún momento de su criatura, asegurando de este modo su absoluto control sobre la educación y desarrollo de la joven, llegando hasta el extremo de no abandonarla ni cuando esta estaba obligada a realizar las más íntimas necesidades fisiológicas. Es evidente que la naturaleza de la relación madre-hija, más allá del propósito eugenésico de Aurora Rodríguez, tenía un carácter de codependencia absoluta pues Hildegart, a pesar de su brillante capacidad intelectual, no podía asumir la responsabilidad de su vida sin la aprobación de la madre, mientras que la vida de esta giraba absolutamente en torno a un único objetivo: la educación y crianza de su engendro. Pero a diferencia de la mayoría de los casos de codependencia, aquí no estaríamos hablando de una relación de dependencia emocional, puesto que entre ellas nunca se estableció una relación de apego real ni una verdadera relación madre e hija. En este caso, la codependencia se relacionaría más con la necesidad mutua para alcanzar la razón de su existencia: la perfección de la humanidad. Tal vez, en parte, por ese motivo, cuando la joven empezó a contemplar la necesidad de cierta independencia, la madre trastornada ante la idea de ser abandonada y de que su creación se viera contaminada, reaccionó con violencia. Al fin y al cabo, si su proyecto, su mayor creación, su *life motive* se le escapaba de las manos, no le quedaba nada, solo el fracaso de su propósito en la vida. Eso y el hecho de que el interés por el sexo opuesto empezaba a nacer en Hildegart despertaron el caos en Aurora Rodríguez: su proyecto estaba en peligro y empezaba a no poder controlar todas las variables que podían contaminar la pureza y perfección de su creación. Y no hay nada que perturbe más a un narcisista megalomaníaco que la frustración de no alcanzar sus objetivos de perfección.

Ante la impotencia y el disgusto de no ver triunfar su criterio en la elección de personas y la consecución de la perfección, desarrolló una suspicacia patológica al creer una animadversión deliberada hacia ella por parte de sus compañeros de ideología. Las interpretaciones distorsionadas de cada uno de sus gestos y palabras se fueron sucediendo cada vez con más frecuencia, y fueron cultivando unas ideas de perjuicio que iban tomando cada vez más fuerza. Esta ideación de perjuicio contra ella, la condujeron a tener la ferviente convicción de que se la quería privar de su hija a la que consideraba su propia obra, llegando a pensar que Hildegart sería usada en contra de sus propias ideas, usada para unos fines diferentes a los que la impulsaron en su creación.

Es aquí donde las interpretaciones distorsionadas de daño y perjuicio contra ella aportan solidez a la hipótesis de la presencia de un trastorno delirante en Aurora, esta vez con delirios de contenido, no solo megalomaníacos, sino de perjuicio. Llegando a creer en una firme conspiración contra ella, llegó a encerrarse en casa sin permitir salir a su hija, alerta y vigilante, espiando incluso los movimientos de su criada, de quien sospechaba que podía ser una agente al servicio de aquellas personas. «Veía con terror que iba a perder todo cuanto había hecho y que a su hija la iban a convertir en "carne de prostitución"».

Ante tal situación de persecución delirante, Hildergart se

hallaba aislada del mundo exterior, y bajo la influencia y acechada constantemente por la actitud, ideología y conducta de la madre. ¿Pudo eso fomentar también en ella un sentimiento de superioridad y omnipotencia como en el caso de su creadora? ¿Compartía también Hildergart la idea de que ella era un producto fruto de la búsqueda de la perfección para la mejora de la humanidad? En tal caso, ¿presentaba también la joven un delirio megalomaníaco y de grandeza? Es más, ¿hizo esa situación que también ella compartiera la distorsionada creencia de que estaban siendo ultrajadas? ¿Llegó la joven a interiorizar, no solo las ideologías supremacistas de la madre, sino sus temores suspicaces y sus delirios de perjuicio? Porque en tal caso, podríamos habernos hallado ante un raro caso de *folie à deux*, o locura de dos, un poco frecuente y sorprendente trastorno psicótico en el que dos o más individuos con una estrecha relación comparten delirio. Lamentablemente, a pesar de lo interesante del caso, no disponemos de suficiente información para poder estudiar la posibilidad de que madre e hija compartieran ideología megalomaníaca y/o de perjuicio.

Como consecuencia de la amenaza de que su proyecto fuera saboteado y usado en contra de sus propios ideales, llegó el día del crimen en que Aurora Rodríguez disparó a sangre fría y sin titubear a su hija, para entregarse a la policía y confesar el homicidio.

Sus palabras en el momento de ingresar en prisión en las que afirmó que «tres cosas hay en la tierra que significan triunfar en la vida: crear, luchar y matar» ponen de manifiesto una vez más, no solo su necesidad narcisista de triunfo y reconocimiento, sino la ausencia absoluta de remordimientos o sentimientos de culpa por su comportamiento. Y con la misma serenidad y el menor signo de preocupación o sentimiento de miedo, se enfrentó al juicio en el que, con una expresión carente de emoción, narró cómo había matado a su propia hija.

Anecdótico el señalar que su estancia en prisión se caracterizó por dominar y someter con agresividad al resto de reclusas a quienes, desde su criterio de superioridad absoluta, les obligaba a servirla a su antojo, haciéndose llamar, incluso por los guardias y el propio director de la cárcel, Ara-Sais, cuyo significado es «la diosa de la verdad».

En las evaluaciones psiquiátricas realizadas, las discrepancias de los informes alimentaron la exageración en torno a un caso que dividió la profesión de los especialistas de la salud mental. Las hipótesis para explicar el comportamiento de Aurora Rodríguez se hacinaban a medida que iban entrevistando a la acusada. Algunos especialistas defendieron teorías sobre un posible deseo erótico de la madre sobre la hija que explicarían ciertos comportamientos posesivos como dormir en el mismo lecho o rechazar a todos los hombres que la pretendían. De ser ciertas esas teorías, fundamentadas en principios psicoanalistas, esa atracción estuvo en todo momento reprimida en Aurora Rodríguez.

Aunque, a nuestro modo de ver, más que una atracción por Hildergart, parece que lo que sentía la madre por su hija era orgullo y satisfacción al ver en ella satisfecho su ambicioso propósito de poder y notoriedad, y, por ende, una continuación de su propia identidad. Aurora Rodríguez fue entrevistada por diferentes psicólogos y fue la primera persona en España a quien se le aplicó las láminas de la prueba de Rorschach.

Los psiquiatras de la defensa alegaron un «estado de paranoia pura permanente» mientras que la fiscalía le acusó de parricidio con premeditación y alevosía bajo un estado mental conservado. La reacción de Aurora Rodríguez ante las alegaciones de su propia defensa, quien la categorizó de demente y enferma mental, fue de absoluta desaprobación mientras que, por el contrario, mostró evidente satisfacción en las declaraciones de la acusación. Esta aparente incoherencia en sus reacciones solo pone de manifiesto su falta de remordimiento, su orgullo y satisfacción por la naturaleza de sus actos, así como el rechazo que experimenta al sentir que su superioridad y grandiosidad son cuestionadas cuando es considerada de demente. Esta falta de sentimiento de culpabilidad, esa frialdad y la indiferencia ante la posibilidad de un castigo reafirman, una vez más, el delirio megalomaníaco y la personalidad narcisista con la que se sitúa por encima de los demás, y por encima del bien y del mal.

Los doctores José Miguel Sacristán y Miguel Prados por parte de la defensa, tras sus exploraciones clínicas, concluyeron que Aurora Rodríguez presentaba una «personalidad fuertemente egocéntrica, inadaptada y rígida con residuos de un pensamiento infantil que revelaba una "personalidad anormal"». Según sus evaluaciones, la acusada presentaba un temperamento con rasgos paranoicos e ideas delirantes. Se trataba de una megalómana perteneciente al grupo de los «reformadores de la sociedad». Según sus conclusiones, Aurora Rodríguez no era una persona responsable de sus actos y, por lo tanto, a pesar de su peligrosidad, no podía atribuírsele responsabilidad penal.

Por el otro lado, y en yuxtaposición a lo afirmado por la defensa, los médicos presentados por la fiscalía alegaron que, aunque era cierto que Aurora Rodríguez tenía ideas extrañas, esta era plenamente consciente de su comportamiento, no podía ser considerada una paranoide por lo que era responsable de sus hechos, y, por consiguiente, imputable.

Es muy probable que las discrepancias en los diagnósticos que se realizaron, independientemente de la procedencia de la actuación de las partes implicadas, puedan relacionarse con la dificultad para el diagnóstico y consideración de la imputabilidad de este tipo de trastornos mentales. El conflicto radica, probablemente, en que en el trastorno delirante —paranoide—, el sujeto presenta una aparente normalidad psíquica al mantenerse intactas ciertas capacidades intelectivas, mientras que, sin tener ningún tipo de consciencia de enfermedad, se aferra a un fuerte convencimiento de sus ideas distorsionadas que le alejan de la realidad.

A pesar de que las hipótesis diagnósticas de la fiscalía lograron convencer al tribunal, y, por lo tanto, Aurora Rodríguez fue considerada plenamente consciente y responsable de sus actos, sospechamos que, probablemente, las conclusiones de la defensa estuvieran más acertadas. Como hemos visto, su vida estuvo gobernada por unas arraigadas ideas de megalomanía, y la aparición de ideación paranoide con contenido de perjuicio ponen de manifiesto la presencia de algún tipo de trastorno delirante y paranoide. Sus delirios de grandeza la llevaron a la persecución de un ideal de perfección humana mediante la creación de un engendro que educó bajo sus principios e ideales sobre quien ejercía un importante control omnipotente. Cuando Aurora Rodríguez vio amenazada su creación y su propósito con el posible abandono por parte de Hildegart, su frágil estabilidad psíquica se rompió, desencadenando en el asesinato de su hija en el contexto de un delirio persecutorio y celotípico.

En cualquier caso, y a pesar de las discrepancias en cuanto al diagnóstico de los especialistas implicados en el caso, todos coinciden en el riesgo y peligrosidad de Aurora Rodríguez, independientemente de como muy bien plantea Peláez y Huertas en su libro *Criminales o Locos* (1987), «peligrosidad por cuerda o peligrosidad por loca».

Crímenes pasionales

Buscaba una relación a tres bandas. Por una parte, vivía con sus dos hijas y su nueva pareja. Por otra, mantenía una relación con un compañero de trabajo, guardia urbano de Barcelona como ella. Este triángulo acabó en tragedia. Rosa Peral Viñuela vivía con sus dos hijas en un chalet cerca de Cubelles. Desde hacía varios meses tenía una relación con Pedro Rodríguez. Vivía con ella y las hijas en esa casa. El tercero era Albert López, con el que patrullaba por las calles de Barcelona.

Este triángulo le daba equilibrio familiar y pasional. Rosa Peral, según se dijo en el juicio, era una mujer egoísta, que no asimilaba las frustraciones. Su abogada, Olga Ardediu, quiso convencer al tribunal que su defendida no era una santa, tampoco una viuda negra y menos una asesina. Rosa Peral, según se dijo, era una mujer con dotes para la manipulación y la seducción, de la cual se valía para salirse con la suya.

Cuando empezó a salir con Pedro Rodríguez, hacía poco tiempo que se ha había separado de Rubén Carbó, el padre de sus dos hijas y, como ella, guardia urbano. Fue tan poco el tiempo que pasó de una relación a otra que, si la Nochevieja la pasó con Rubén, para Año Nuevo ya estaba con Pedro. Aquellas relaciones, tanto con Rubén como con Pedro, eran una pantalla para poder mantener otras relaciones. El problema es que Pedro no era tan complaciente como Rubén. Dicho de otra manera, era más celoso y posesivo.

No se sabe cómo Pedro Rodríguez se enteró que Rosa Peral estaba manteniendo una relación con Albert López. Este conocimiento le resultó incómodo a ella. Su nueva pareja tenía que asumir su promiscuidad, pero no saber con quién. Con lo cual, Pedro sobraba en aquel triángulo. Rosa y Albert asesinaron a Pedro e intentaron culpabilizar del crimen a Rubén. Para ello dejaron el teléfono de Pedro en la vivienda del exmarido Rubén. Pretendieron hacer creer que se habían peleado por Rosa y que Rubén mató a Pedro. La investigación determinó que, cuando el móvil perdió la señal en casa de Rubén, este estaba en el gimnasio.

Aunque Rosa Peral y Albert López planificaron juntos el crimen, cuando los *mossos d'esquadra* los descubrieron, empezaron a acusarse mutuamente del homicidio. Ninguno de ellos había sido y el culpable era el otro por diversas razones. Estando en la prisión de Can Brians, Rosa Peral le confesó a una interna que había envenenado a Pedro, poco antes de asesinarlo. A otra reclusa le dijo que tenía la intención de acabar con la vida de Rubén Carbó.

¿Cómo ocurrió el asesinato? Rosa Peral y Pedro Rodríguez decidieron pasar un día festivo en la casa que este tenía en Altafulla. Cuando estaban a punto de marcharse, aparecieron los padres de Rosa, Pedro Peral y Maite Viñuela. Estos ayudaban a su hija con las niñas entre semana. Como declaró Pedro Peral al periódico *Crónica Global*:

> Cuando llegamos, ellos estaban saliendo. Nos dijeron que iban a pasar el día fuera, que tenían la intención de comprar unos pollos *a l'ast* y que se los comerían en casa de Pedro. Ahí tiene una piscina y dado que hacía un día espléndido, había pensado pasar la jornada y darse un baño con las crías. Creo que fue Rosa quien nos dijo que nos apuntáramos, que lo pasaríamos muy bien todos juntos. Pedro también insistió y me dijo ¡venga paco animaros! Y yo, tras hablarlo con Maire le dije que sí.

Así lo hicieron. Pedro conducía su Volkswagen Golf negro, en el cual apareció calcinado, y los padres de Rosa en el suyo. Pasaron por un bar de Coma-ruga para comprar los pollos *a l'ast* y pusieron rumbo a Calafell. Ahí se detuvieron en el Calafell Slide. Es una atracción con un tobogán de verano gigante, con una longitud de setecientos metros, situado en la montaña Escarnosa, frente al casco antiguo de Calafell.

Terminada la mañana en el Calafell Slide, regresaron a Coma-ruga para recoger los pollos *a l'ast*. Estando ya ahí el padre de Rosa —como comentó a *Crónica Global*— le dijo a Pedro:

> Oye, ¿qué te parece si nos quedamos a comer aquí los seis y nos ahorramos tener que poner la mesa en tu casa y ensuciar la cocina? La pareja aceptó. Así que invité a toda la familia al menú que nos ofreció el bar. Tras la comida, en la que nos hicimos varios selfis, donde todos nos lo estábamos pasando muy bien, nos fuimos hacia Altafulla.
>
> Llegamos sobre las 15:30 o así. Maite —madre de Rosa— se encargó de las pequeñas, que se bañaron en la piscina. Mientras tanto, Pedro y yo aprovechamos para limpiar de matojos la parte posterior del jardín de la casa, que estaba muy descuidada. Nos pegamos una buena paliza, pero lo dejamos perfecto. Mientras trabajábamos, mi hija nos hacía fotos. Siempre sonriendo. Siempre feliz. Jamás en sus años de matrimonio con Rubén la había visto tan ilusionada, por eso mi relación con Pedro era tan cordial.
>
> Tras el tute en el jardín nos aseamos y pasamos al interior de la casa y allí todos, alrededor de la mesa, jugamos al juego de la oca entre risas y bromas.

Ya cada uno en su casa, Pedro le mandó un WhatsApp al padre de Rosa para agradecerle el día tan estupendo que habían pasado. Al cabo de tres horas Pedro estaba muerto.

Rosa Peral dijo que Pedro Rodríguez había muerto de forma violenta, víctima de la agresión de un celoso y desbocado Albert. Según este, al llegar a la casa, Pedro ya estaba muerto. Rosa lo había arrastrado fuera de la casa y lo había metido en el coche. Esto sucedió la noche del 1 al 2 de mayo de 2017. Con Pedro en el maletero del Volkswagen Golf, condujeron el coche hacía el pantano de Foix. Ahí prendieron fuego al coche. El cuerpo de Pedro quedó prácticamente carbonizado, con lo cual se borraron las pruebas de una posible muerte violenta.

El 15 de abril del 2020 la Audiencia de Barcelona impuso una pena de veinticinco y veinte años de prisión para Rosa Peral y Albert López. Fueron declarados culpables de asesinato con alevosía. La sentencia consideró que Peral y López, en común acuerdo, acabaron con la vida de Pedro Rodríguez y condujeron su cuerpo hasta una pista forestal del pantano de Foix, donde le prendieron fuego. También se les impuso indemnizar con 450.000 euros al hijo del fallecido, 225.000 para su padre, 100.000 para cada uno de los hermanos y 10.000 para su antigua compañera sentimental y madre de su hijo.

En Novelda (Alicante) nació el 6 de septiembre de 1990 María Jesús Moreno Cantó. El padre se ganaba la vida, en un primer momento, con una fontanería. Posteriormente la transformó en almacén de suministros de productos de calefacción y aire acondicionado. La familia estaba formada por los padres y cinco hijos. María Jesús era la segunda más pequeña. Eran católicos practicantes y muy estrictos.

Estudió en el Colegio Santa María Magdalena de las Carmelitas. Era una estudiante aplicada. Los que la conocían la definían como una mujer inteligente, manipuladora, amable y coqueta. Su hermano Víctor, que estudió Arquitectura en la Universidad de Alicante, le presentó a Antonio Navarro

Cerdán, que con el tiempo se convertiría en su marido. Este era estudiante de ingeniería y amigo de Víctor. Visitaba con frecuencia la casa y se enamoró de María Jesús, conocida familiarmente como Maje. Aquel romance acabó en boda en 3 de septiembre de 2016. Él tenía treinta y cinco años y ella veintiséis. Uno de los familiares de Antonio Navarro comentó que Maje vio en él «a un claval maduro que podía tirar su vida hacia adelante, alguien que estudia en Alicante y no volvió a vivir seguido en Novelda, trabajaba en Huesca, Zaragoza, Requena... Eso le atrajo de él. ¿Enamorada de ella? Puf... no sabía decir, él mucho».

Por lo que cuentan Maje se sentía prisionera en Novelda. Su válvula de escape para no regresar a su pueblo natal era trabajar tres fines de semana al mes, en turno de noche, en el Hospital Casa de la Salud de Valencia. Ahí conoció a Salvador Rodrigo, de cuarenta y siete años, celador y casado con Inma, jefa de la cuarta planta de aquel centro médico. Salvador se convirtió en su amante.

Durante la investigación se descubrieron unas cartas de Maje en las que hablaba de sus sentimientos. En una de ella escribe:

> Me pongo presumida cuando viene, coqueta. Me anima que venga a planta y verlo y pasar por su lado. Es la historia de amor más auténtica y apasionante que he vivido y que la gente pueda escuchar. Esta es una declaración de amor hacia ti, te quiero por encima de cualquier obstáculo, de cualquier inconveniente, te quiero porque me llenas de vida y me haces sentir la mujer más importante del mundo. Tu Maje, tu bruja, tu fea. Pero, al fin y al cabo, tuya.

Salvador quedó completamente rendido a los pies de Maje y estaba dispuesto a hacer cualquier cosa para tener la contenta, pues estaba locamente enamorado de ella. El hecho es que Maje convenció a Salvador para que matara a Antonio. El asunto quedó abierto. No había un autor o autores claros. Sin embargo, todas las sospechas se centraron en Maje. Para ello intentaron engañarla. La policía le puso varias trampas. Una de ellas la llevó a cabo el hermano de Antonio. Por un tema sobre la herencia se puso en contacto con su cuñada. Durante la conversación le explicó que la policía tenía pistas sobre el asesino. Hablando con él, sin pensárselo dos veces, se autoinculpó. Confesó la muerte de su marido, aunque con matices como veremos.

Desde la prisión Maje escribió cinco cartas de amor a Salvador. Las cartas se las hizo llegar gracias a otros presos. Aquel tiempo confinado en la cárcel hizo que Salvador reflexionara. También ayudó la presión ejercida por su hija. Se enteró que Maje, estando en la cárcel, había mantenido una relación con otro preso. Aquello hizo que Salvador estallara. El 10 de noviembre de 2018 fue a declarar a la Ciudad de la Justicia de Valencia. Ahí confesó que Maje le propuso asesinar a su marido y que, ambos planificaron el acuchillamiento en un garaje del barrio valenciano de Patraix. Salvador declaró lo siguiente:

> Maje me pidió que acabara con la vida de Antonio. Me decía que no tenía que fallar, que tenía que matarlo antes del aniversario de su boda. Me pidió que no lo hiriese, que lo matase. María Jesús preparó todo. Me llamó la noche antes y me dijo que el coche de Salvador estaba en el garaje. Me dijo que tenía que ir a primera hora de la mañana y que ella no podía estar porque tenía guardia en el Hospital Católico de Valencia. He pedido declarar porque estoy cansado de proteger a María Jesús y cargar con la muerte de Antonio. No puedo más. Estoy muy arrepentido y pido perdón a toda la familia. Era María Jesús quien quería matar a Antonio. Ella me comió la cabeza durante tres sema-

nas. Me convenció para que fuera yo quien lo apuñalara y lo consiguió. Me dijo cómo tenía que matarlo y me pidió que lo acuchillara en la plaza del garaje.

La policía pudo demostrar que Salvador era su único amante. También estaba Tomás, José y Sergio. A todos les hizo creer que su marido la maltrataba psicológicamente. A dos de ellos los tanteó por si estarían dispuestos a matar por amor y odio. Solo uno de ellos, Salvador, dio ese paso. Estos amantes de Maje tenían profesiones muy diferentes entre sí: celador, publicista, guardia urbano y fisioterapeuta.

Con Tomas, el fisioterapeuta, mantuvo una relación de casi un año, entre 2016 y 2017. Mantuvo relaciones sexuales de forma esporádica hasta octubre de 2017. Los otros amantes desconocían la existencia de Tomás. El guardia urbano, que lo conoció en Barcelona mientras estudiaba Enfermería, la definió como una depredadora sexual. Parece ser que Maje mentía y manejaba con gran habilidad a su esposo, amantes, amigas y compañeros de trabajo. Usaba el sexo para manipularlos. Por eso demostraba frialdad y empatía con sus amantes.

Varios forenses que la examinaron, ya en prisión, consideraron que Maje tenía una personalidad extremadamente organizada y con una elevada inteligencia. Que era una mujer segura y con una gran capacidad de organización.

Días antes de producirse el asesinato de Antonio Navarro le mandó un mensaje de WhatsApp. En él le informaba que trabajaría la noche del 15 de agosto. Lo cierto es que estuvo con José, el publicista. Recordemos que su marido fue asesinado la mañana del 16 de agosto. Es decir, mientras Salvador estaba asesinando al marido de Maje, ella estaba manteniendo relaciones íntimas con José.

El 19 de agosto de 2017, tres días después del asesinato de Antonio Navarro, tuvo lugar el entierro. Se reunieron en la iglesia de San Pedro Apóstol de Novelda. La muerte de

Antonio, a cuchilladas y de manera brutal, conmocionó a los que le conocían. Rota de dolor por fuera, Maje leyó una carta de amor y agradecimiento a su marido, ante todos los presentes en el funeral.

¿Cómo tuvo lugar el asesinato? La mañana del miércoles 16 de agosto de 2017, en un garaje del número 14 de la calle Calamocha, en el barrio de Patraix, de la ciudad de Valencia, España, Antonio Navarro es atravesado por seis certeras puñaladas, momentos antes de subirse a su Peugeot 208 blanco para dirigirse a trabajar. Son casi las 7:40 de la mañana. Su asesino, Salvador Rodrigo Lapiedra, cuarenta y siete, lleva esperándolo agazapado entre los otros autos estacionados desde las 7:30. Había llegado en su moto e ingresado al lugar con las llaves que le había proporcionado su amante, Maje. Una vez allí se había puesto los guantes de látex para evitar dejar huellas. Apenas ve aparecer a Antonio lo asalta por la espalda. Le asesta cuatro cuchilladas en el hemitórax izquierdo, cortándole el corazón y el pulmón de ese costado y, enseguida, le propina dos más del otro lado, haciendo colapsar su pulmón derecho. Huye del *parking* por la rampa de acceso. La muerte de Antonio, de treinta y cinco años, es casi instantánea. Lo encontrará un vecino a las 15:20.

La policía consideró que el móvil del asesinato era económico, pues Maje cobraría varios seguros de vida, la herencia y la pensión de viudedad. De esta última le quedaron 1100 euros mensuales. Sobre la herencia reclamaba 30.000 euros que supuestamente había aportado por la compra de un piso en la calle Calamocha, del barrio de Patraix de Valencia. A una de sus amigas de la infancia, Rocío, le confesó que

> ...estamos muy locas. Nos gusta la movida con tíos buenos. Yo la movida con Antonio que en paz descanse no la quería. Si yo luego me lo tenía que tirar después de la reconciliación no me apetecía, ¿vale? Y con este me va a follar como me folló en el baño.

Este era el guardia urbano que conoció en Barcelona cuando estudiaba Enfermería. Como podemos ver y afirmaron los que la conocieron, Maje se casó con Antonio para alejarse de su pueblo natal. Necesitaba una excusa para huir de ahí y la tuvo casándose con una persona con la que nunca tuvo un sentimiento de amor, ni de respeto.

La Viuda negra de Patraix no se divorciaba de su marido porque saldría perjudicada económicamente. Fue condenada a veintidós años de prisión por planificar y cooperar en el asesinato de su marido. El veredicto del jurado popular y la posterior sentencia del magistrado la confirmó el Tribunal Superior de Justicia de la Comunidad Valenciana. Maje renunció a apelar la sentencia, mediante un recurso de casación, asumiendo la condena y no continuando con el proceso. A Salvador Rodrigo el tribunal lo sentenció a diecisiete años de prisión. El guardia urbano no se equivocó al calificarla de depredadora sexual, pues en la cárcel ha tenido más de un amante.

Análisis psicológico

Si preguntásemos a todas y cada una de las personas que habitan este planeta cuál es el motor que impulsa sus actos, por qué hacen lo que hacen y se comportan como se comportan, obtendríamos tantas respuestas como cabezas. No cabe duda de que nuestra manera de pensar, sentir o actuar depende de nuestro momento histórico, nuestra sociedad, nuestra cultura, nuestra educación y de aquellos que nos rodean y nos sustentan afectivamente. Pero el ser humano es un ser social. Una vez garantizado el alimento, el cobijo y la seguridad, todo aquello que es importante tiene que ver con nuestra relación con los demás. Pero ¿qué necesitamos de los demás?

En Occidente, en el siglo XXI, convivimos en una sociedad que intenta avanzar, de forma muy lenta, pero con firmeza, hacia el empoderamiento e igualdad entre géneros. En la sociedad actual se imponen nuevas maneras de relacionarse.

Por lo menos en nuestro país, lejos quedaron aquellos oficios exclusivamente reservados a los hombres y mucho menos, aquellas actitudes que solo ellos podían exhibir. No es objeto de este capítulo debatir si existe la igualdad social real entre hombres y mujeres, que ya sabemos que no. La pregunta que deberíamos hacernos es ¿existe una igualdad social y real entre mujeres-hombres y hombres-mujeres?

Lo que sí sabemos es que la justicia se debe aplicar con la

misma contundencia para ambos. Pero no podemos pasar por alto que la gran expectación mediática que atrajeron los dos crímenes que se han relatado anteriormente la obtuvieron precisamente por ser cometidos por mujeres. Mujeres que presumiblemente se valieron se subterfugios, manipulaciones y la erotización de sus relaciones para eliminar a dos sujetos incómodos para ellas. Si no se quiere polemizar, si parece terreno pantanoso y si se quiere quedar bien con propios y ajenos, me temo que nos vamos a estrellar. Y es verdad, pues lo avalan multitud de estudios. Las mujeres matan de diferente manera que los hombres, y por diferentes motivos. Las mujeres matan con veneno, siempre se ha dicho, pero no es un mito. Los hombres suelen emplear más a menudo la violencia física, con su cuerpo como vehículo, o usar armas mortíferas. Las mujeres suelen usar métodos más sutiles, más si su víctima es un varón quien les superaría, por mucho, en un combate cuerpo a cuerpo. Las mujeres matan con más frecuencia a personas conocidas o de su entorno y por motivos que tienen que ver con el móvil económico o con el estatus. Pensemos detenidamente qué motivos tenían estas dos mujeres para decidir acabar con la vida de sus parejas.

Rosa Peral era una mujer que aparentemente lo tenía todo, un buen trabajo, dos hijas y una nueva pareja, Pedro, con el que se había mudado recientemente. Había estado previamente casada con Rubén, el padre de sus hijas, y había mantenido una relación sentimental intermitente con Albert López, su compañero de patrulla, mientras duró su matrimonio. Por la información que se publicó sobre Rosa durante la investigación y el posterior juicio, sabemos también que hubo muchos otros amantes y no todos conocían la existencia del matrimonio. De esto se deduce que Rosa es una mujer que se relaciona con los demás a través de la erotización de las relaciones. Que encuentra placer en la seducción y satisfacción en el poder que esta le otorga. Esto no es un delito. Pero ¿es amoral mentir y engañar?

¿Es criminal asesinar? Esta necesidad psicológica de seducir, de sentir que uno es capaz de recibir las atenciones de quien se proponga, incluso con mentiras y fábulas y con una buena dosis de sexualización se ha observado en las personalidades histriónicas y narcisistas.

La personalidad es definida como el conjunto de rasgos y cualidades que configuran la manera de ser de una persona y la diferencian de los demás. Son aquellos patrones de comportamiento y pensamiento que son más o menos constantes y estables en cada uno de nosotros y nos hacen reconocibles a ojos de los que nos rodean y nos conocen. La personalidad de cada uno, pues, se conjuga en una suerte de rasgos, una combinación que nos hace únicos. Todos los seres humanos compartimos rasgos, pero cuando un conjunto de estos son tan severamente marcados, que nos avocan repetidamente a problemas en nuestra relación con los demás y en nuestra capacidad de funcionar, entonces hablamos de trastornos de la personalidad.

La personalidad histriónica hace referencia a aquellas personas con un marcado comportamiento de búsqueda de atención del entorno, una necesidad de ser el centro y que suele tener una conducta inapropiadamente seductora y una exagerada necesidad de aprobación. Suelen presentarse como sujetos hiperdramáticos y en ocasiones teatrales, con una exagerada expresión emocional. Se presentan como personas extrovertidas, sociables y optimistas, y no dudan en usar estas dotes para obtener lo que quieren de los otros. Este trastorno afecta cuatro veces más a las mujeres que a los hombres. En esta descripción podemos ver fácilmente reflejada a Rosa. Entender el beneficio psicológico que para ella confería su poder de seducción. Esta necesidad de atención se suele iniciar ya desde la infancia. Poder echar un vistazo al desarrollo infantil de Rosa nos ayudaría a entender esta cuestión, desgraciadamente no disponemos de esta información.

Lo que sabemos es que Rosa había tenido varias relaciones

sentimentales o casuales dentro de la propia comisaría. Era su terreno y se movía bien, lejos de la mirada y el control de su marido Rubén, que trabajaba en otro cuerpo. Rosa es una mujer guapa, con un físico muy trabajado, amante del deporte, preocupada por su imagen, a través de la que se relacionaba con los demás. Seducía a los hombres y competía con las mujeres. Pero en una comisaría de la Guardia Urbana, esta conducta repetitiva no debía pasar desapercibida para sus compañeros. Habría cotilleos, habladurías. Su imagen se habría visto expuesta y juzgada.

Las personas con trastorno histriónico de la personalidad toleran muy mal la falta de aprobación y el rechazo. Es posible que la insoportabilidad que suponía que la juzgaran una vez por su fracaso en la relación con Pedro, quien se había separado de su mujer pocos meses después de haber tenido un hijo solo para estar con ella, y la consciencia de que una vez más todos iban a saber de su recurrente infidelidad la llevaran a urdir un plan para deshacerse de su pareja. No bastaba con separase y asumir las consecuencias, las críticas, los cuchicheos y los reproches de Pedro. La imagen está primero, la imagen lo es todo. Pero ¿son los rasgos histriónicos suficientes para explicar esta decisión?

La personalidad narcisista es aquella en la que los sujetos presentan un exagerado sentido de su autoimportancia, comparten con la anterior una profunda necesidad de admiración y atención. Creen ser mejores que los demás y creen merecerse mejores cosas. Suelen fanfarronear sobre sus capacidades y exageran sus logros. Son tremendamente egocentristas y poseen muy escasa empatía. No toleran la crítica y pueden reaccionar con ira y venganza ante esta o ante la no consecución de sus deseos. Establecen relaciones asimétricas y de explotación de los demás para su propio beneficio. Es muy probable que Rosa alardeara de sus conquistas en un círculo íntimo, que utilizara a sus amantes a su antojo. Seguramente utilizaba a sus amantes a su antojo. Esta facilidad para la manipulación, la cosificación de las relaciones y la carencia de empatía unido a lo anterior facilitaría que se valiera de Albert López para eliminar a una pareja inconveniente. Su imagen quedaría intacta, no habría reproches o represalias, es más, se convertiría en una víctima.

A mi parecer, pudo ser la combinación de estos rasgos lo que llevara a Rosa a sopesar que deshacerse de Pedro era la mejor opción. Rosa convenció a Albert de que Pedro la maltrataba, de que su vida era un infierno y necesitaba ser rescatada. Albert acudió al rescate, en una necesidad novelística de medir sus fuerzas con su rival o con su villano. Haciendo exhibición de un triste y desalmado papel de salvador. Él era policía. Necesariamente debía saber que, de ser ciertos los maltratos, había otras vías. Actuó a golpe de pecho. Juntos mataron a una persona, en un crimen que cuesta mucho entender.

María Jesús Moreno, Maje, comparte muchísimas similitudes con Rosa. Se parecen su personalidad, sus motivos y su modus operandi. Maje es una mujer de gran belleza, carisma y magnetismo. Exhibe una personalidad coqueta y seductora. Al igual que Rosa, precisaba de una pareja estable, de aparentar el estatus que confiere relacionarse con un buen chico con un futuro prometedor. Necesitaba un centro estable, desde el que cometer sus infidelidades. Antonio había roto la relación con Maje poco antes de su boda al saber de una de estas infidelidades. Luego la perdonó y se casó con ella. Tal vez fuese por la educación religiosa y tradicional de Maje, la crianza en una población pequeña, donde todos se deben conocer y no está bien visto que una mujer se relacione con varios hombres.

Maje quería vivir su vida en libertad, tener amantes, salir a fiestas y no dar explicaciones. Pero ¿por qué matar a Antonio? ¿Por qué manipular a tal extremo a Salvador para que le matase por ella? ¿Por qué no simplemente dejar a su marido? Es imposible no plantearse estas cuestiones. En nuestra opinión, y al igual que la anterior protagonista, no estaba dispuesta a exponer su imagen. No estaba dispuesta a ser el centro de críticas y habladurías. Y conseguiría su propósito a cualquier precio. Enamorar profundamente a una persona, Salvador, hacerle creer que su historia de amor era grandiosa y engañarlo al contarle que su marido la maltrataba. No excusamos a Salvador, es la mano que empuñó el cuchillo y mató a un hombre. La ley lo ha juzgado y encarcelado. Él también debía saber que estas cosas no se solucionan así, no hay excusa. Pero es innegable el importante grado de inducción que tuvo Maje en este asesinato. Su autoría intelectual. No podemos evitar preguntarnos si Salvador hubiese matado en su vida a alguien de no haberse cruzado con Maje.

Como apuntábamos en la introducción, una vez aseguradas las necesidades básicas, las relaciones humanas los son todo, lo inundan todo. Y más vale que escojamos bien a aquellos que queremos tener cerca.

El ancestral infanticidio

Susan Vaughan fue juzgada y condenada por infanticidio. ¿Qué es? Causar la muerte de un niño/niña de forma intencionada. Se atribuyen los deseos infanticidas a una masiva proyección psicopatológica del inconsciente de la madre/padre sobre el niño, debido a un ancestral maltrato por parte de los padres. Esta psicopatología ancestral fue el motivo por el cual fallecieron dos víctimas inocentes.

«Mi mujer está en la cárcel por haber asesinado a mis dos hijos. Mis esperanzas, mis sueños, lo que había planeado para el resto de mi vida se terminó aquel día. No sabía qué hacer. Duele mucho». Así hablaba David Smith, marido de Susan Vaughan al presentar el libro *Mas allá de la razón. Mi vida con Susan Smith*. En él la acusa de haber actuado a sangre fría y con premeditación. El dictamen final de aquel juicio mediático frustró a muchos norteamericanos que esperaban que fuera condenada a muerte. Sin embargo, el jurado adoptó la decisión unánime de condenarla a cadena perpetua revisable. ¿Quién era Susan Vaughan?

Susan Leigh Vaughan nació el 26 de septiembre de 1971 en Unio, Carolina del Sur. Sus padres Harry Vaughan y Linda Harrison tuvieron tres hijos. Susan era la menor y única hija. Cuando tenía siete años sus padres se divorciaron y el padre se suicidó a los pocos meses, a los treinta y siete años. Su madre volvió a casarse con Beverly Russell, un exitoso hombre de negocios. La familia abandonó su viejo hogar y fueron a casa de este. A los trece años intentó suicidarse por primera vez. El hecho está relacionado con lo que ocurrió cuando tenía dieciséis años. Acompañada de su madre, denunció los abusos sexuales de su padrastro al Departamento de Servicios Sociales. Russell fue excluido del hogar familiar durante un breve periodo de tiempo. Los abogados consiguieron que la pena no fuera mayor y lo interpretaron como el enfado de una adolescente. Al regresar a casa fue castigada regularmente por haber hecho público el abuso sexual. Estos continuaron con el consentimiento de la madre. Esta prefería callar y disfrutar del dinero de Russell antes de proteger a su hija. En 1988 consiguió un trabajo en la cadena de almacenes Winn-Dixie. Susan Vaughan era bastante promiscua. Quedó embarazada de un hombre casado. Decidió abortar. Cuando aquel hombre decidió terminar con la relación, intentó de nuevo suicidarse.

Para librarse del padrastro decidió casarse con David Smith el 15 de marzo de 1991. El 10 de octubre de 1991 nacía su primer hijo, Michael Daniel. El 5 de agosto de 1993 nacía Alexander Tyler. El matrimonio tuvo bastante altos y bajos. Hasta que en 1993 decidieron separarse. Él había conocido a una joven y ella mantenía una relación con Tom Findlay. Este era hijo de J. Carey Findlay, dueño de productos Conso, donde Susan Vaughan trabajaba como contable. El tema más complicado del divorcio era quién se quedaría con los niños. El abogado de David Smith sostenía que su mujer estaba incapacitada para cuidarlos. Estaba obsesionado en obtener la custodia. Era el tesoro más preciado de su vida y estaba dispuesto a hacer lo imposible para conseguir que estuvieran a su lado. Por su parte Susan Vaughan no estaba dispuesta a cederle la custodia, a pesar de un impedimento. ¿Cuál?

Como hemos dicho mantenía una relación con Tom Findlay. Estaba muy enamorada de él y creía que era el amor de su vida. Con David Smith se había casado por conveniencia. Con Tom

Findlay todo sería diferente. Sin embargo, él no pensaba lo mismo. El 17 de octubre de 1994 le hizo llegar una carta donde especificaba claramente lo que pensaba y cuáles eran sus sentimientos. Aquella carta fue el detonante de lo que sucedería después. ¿Qué decía la carta? A continuación, la transcribimos:

Querida Susan,

Espero que no le importe, pero creo que debo ser muy claro y por eso estoy escribiendo esta carta.

Esta es una carta difícil para mí porque sé lo mucho que piensa en mí. Y quiero que sepa que me siento halagado de que tenga una buena opinión mía. Susan, valoro nuestra amistad mucho. Usted es una de las pocas personas en esta tierra de las que no puedo decir nada malo. Usted es inteligente, hermosa, sensible, comprensiva, y posee muchas otras cualidades maravillosas que yo y muchos otros hombres aprecian. Usted, sin duda, hará muy afortunado a cualquier hombre, pues será una gran esposa. Pero, por desgracia, no voy a ser yo.

A pesar de que creo que tenemos mucho en común, somos muy diferentes. Se nos ha educado en dos ambientes totalmente diferentes, y por lo tanto, no pensamos igual. Esto no quiere decir que me criaran mejor que a usted o viceversa, solo significa que venimos de dos mundos diferentes.

Cuando empecé a salir con Laura, sabía que nuestros mundos iban a ser un problema. Justo antes de graduarme en la Universidad de Auburn en 1990, rompí con una chica (Alison) con la cual había estado saliendo durante más de dos años. Me encantaba Alison y éramos muy compatibles. Por desgracia, deseábamos cosas diferentes en la vida. Ella quería casarse y tener hijos antes de los veintiocho años, y yo no. Este conflicto provocó nuestra ruptura, pero hemos mantenido la amistad durante estos años. Después de Alison, que me dejó muy marcado, decidí no tener ninguna relación seria hasta que no estuviera listo para comprometerme a largo plazo.

Durante mis primeros dos años en Unio salí muy poco. De hecho, puedo contar las veces que lo hice con los dedos de una mano. Pero entonces Laura llegó. Nos conocimos en Conso, y me enamoré de ella como «un adolescente». Las cosas fueron muy bien al principio y así se mantuvo a lo largo del tiempo, pero mi corazón me decía que ella no era para mí. La gente me dice que cuando encuentras a la persona que tendrá que pasar el resto de su vida contigo… usted sabe de lo que estoy hablando. Pues bien, el amor empezó a desmoronarse, tenía mis dudas con respecto a un compromiso largo y duradero. Nunca le dije nada y al final nos hicimos daño. No lo volveré a hacer de nuevo.

Susan, realmente podría decirle muchas cosas buenas. Usted tiene muchas cualidades entrañables y creo que usted es una persona excelente. Pero como le he dicho antes, hay algunas cosas de usted que no son adecuadas para mí, y sí, estoy hablando de sus hijos. Estoy seguro de que son buenos chicos, pero realmente no me importa lo buenos que puedan ser… el hecho es que no quiero hijos. Estos sentimientos pueden cambiar algún día, pero lo dudo. Con todas las cosas locas, mezcladas con lo que ocurre actualmente en nuestro mundo, solo sé que de momento no quiero cambiar. No quiero ser responsable de ninguna persona y menos de unos niños. Pero estoy agradecido de que existan personas como usted, que no son tan egoístas como yo, y no les importa convivir con la responsabilidad de cuidar unos niños.

Pero nuestras diferencias van mucho más allá de esta cuestión. Somos dos personas totalmente diferentes, y con el tiempo, estas diferencias nos pueden llevar a la ruptura. Porque me conozco bien y estoy convencido de ello.

Pero no se desanime. Hay alguien ahí fuera para usted. De hecho, es probable que alguien a quien aún no conoce o lo conoce y no sabe que es para usted, solo tiene que esperar. De cualquier manera, tampoco es necesario que encuentre una persona ahora mismo. Susan, usted quedó embarazada y se casó a una edad muy temprana, se perdió gran parte de su juventud. Es decir, en un minuto era una niña, y al minuto siguiente estaba criando niños. Vengo de un lugar donde todo el mundo tiene el deseo y el dinero para ir a la universidad, tener la responsabilidad de los niños a una edad tan joven está más allá de mi comprensión. De todos modos, mi consejo es esperar y ser muy exigente respecto a su próxima relación. Entiendo que esto puede ser un poco difícil para usted porque es una chica un poco loca, pero como dice el proverbio «las cosas buenas vienen a aquellos que esperan».

Susan, no estoy enojado con usted acerca de lo que pasó este fin de semana. En realidad, estoy muy agradecido. Como le dije, yo estaba empezando a dejar que mi corazón se calentara con la idea de que saliéramos como algo más que amigos. Pero al verla besar a otro hombre me hizo poner las cosas en perspectiva. Recordé cuánto me dolió lo ocurrido con Laura, y no voy a permitir que esto ocurra de nuevo. Por lo tanto, no puedo dejar que se acerque a mí. Siempre seremos amigos, pero lo nuestro nunca irá más allá de la amistad. Y en cuanto a su relación con B. Brown, por supuesto, usted tiene que tomar sus propias decisiones en la vida, pero recuerde... tiene que vivir con las consecuencias también. Todo el mundo tiene que rendir cuentas por sus acciones, y no me gustaría que la gente la percibiera como una persona repudiable. Si quiere coger un buen tipo como yo un día, usted tiene que actuar como una buena chica. Y sabe, las chicas buenas no duermen con hombres casados. Además, yo quiero que se sienta bien consigo misma, y tengo miedo de que, si duerme con B. Brown o cualquier otro hombre casado para el caso, usted perderá su amor propio. Así que, por favor, piense en sus acciones antes de hacer nada, sino lo lamentará. Me preocupo por usted y me gustaría que nadie saliera herido. Puede decir que no le importa, pero usted y yo sabemos que no es cierto, debe pensar en sus acciones antes de hacer nada, sino lo lamentará.

De todos modos, como ya le he dicho, es una persona muy especial. Y no deje que nadie le diga o le haga sentir diferente. Veo mucho potencial en usted. No se conforme con ser mediocre en esta vida, debe ir a por todo y solo conformarse con lo mejor... eso es lo que yo hago. No le he dicho esto, pero estoy muy orgulloso de usted por el hecho de volver a la escuela. Soy un firme creyente en la educación superior, y una vez obtenga un grado en la universidad, no hay que parar. Y no dejar que estos muchachos tontos de Unio la hagan sentir como si usted no fuera capaz y que por culpa de ellos reduzca la velocidad. Después de graduarse, usted será capaz de ir a cualquier lugar que desee en este mundo. Y si alguna vez quiere conseguir un buen trabajo en Charlotte, mi padre es la persona adecuada. Él y Koni saben todo lo que debe saberse sobre quién es alguien en el mundo de los negocios en Charlotte.

Pues bien, esta carta debe llegar a su fin. Son las 23:50 y me está entrando sueño. Pero quería escribirle esta carta porque usted es la que siempre está haciendo el esfuerzo hacia mí, y quería devolver la amistad. He apreciado cuando me ha dejado pequeñas notas agradables, o tarjetas, o el presente en la Navidad, y es hora de empezar a poner un poco de esfuerzo en nuestra amistad. Lo que me recuerda, pensé largo y tendido sobre conseguir algo para su cumpleaños, pero decidí no hacerlo porque no estaba seguro sobre lo que piensa. Ahora me siento que no lo entiendo, pero de por seguro que puede esperar algo de mí en Navidad. No me compre nada a mí. Todo lo que quiero de usted es un bonita y dulce tarjeta... La apreciaré más que cualquier otra cosa.

Una vez más, siempre tendrá mi amistad. Y su amistad siempre la voy a mirar con afecto sincero.

Tom

P.S. Es tarde, así que por favor no tenga en cuentan la ortografía o la gramática.

Susan Vaughan no comprendió bien la carta de amistad de Tom Findlay. Estaba enamorada de él y consideró que en su vida había un obstáculo que impedía su amor. Lo cual era falso, pues en la carta se expresa claramente que no estaba preparado para una relación a largo plazo, que eran dos personas muy diferentes y que su carácter promiscuo le molestaba.

Y llegamos al 25 de octubre de 1994. Aquel día Susan Vaughan llamó a la policía denunciando la desaparición de sus hijos. Todo el pueblo se volcó, día y noche, para encontrarlos. Según su declaración un joven afroamericano se había apoderado de su Mazda Protege con los niños dentro. Supuestamente el ladrón no se dio cuenta que en la parte trasera había dos niños pequeños. Si al principio los padres eran las víctimas de aquel terrible suceso, con el paso de los días se convirtieron en presuntos culpables. En concreto Susan Vaughan. ¿Por qué? Según el *sheriff* Howard Wells mentía. Tuvieron que pasar nueve días para que se esclareciera lo que había ocurrido. Ahora bien, ¿cómo sabía la policía que mentía?

Había ciertas afirmaciones que no cuadraban. Por una parte, delante de una cámara de televisión declaró: «No puedo describir lo que estoy atravesando. Mi corazón me duele tanto que no puedo dormir, no puedo comer, no puedo hacer nada más que pensar en ellos». Era posible que aquellas palabras fueran ciertas. Sin embargo, había una serie de afirmaciones que no cuadraban. Dijo que no había otros coches, que paró cuando el semáforo se puso en rojo en la intersección y en ese momento un hombre afroamericano se abalanzó sobre ella. Esto no era correcto. El semáforo de esa intersección solo se ponía en rojo si venía otro coche en el cruce de la calle. Tampoco la policía pudo corroborar otras dos afirmaciones. Dijo que había salido para encontrarse con una amiga. Esta negó que fuera cierto. También dijo que paró en un Walmart sobre las 21 h. Los trabajadores no la recordaban.

Por eso el *sheriff* decidió interrogarla de nuevo y presionarla para que contara la verdad. Puso en duda todo lo que había dicho. El secuestro, la implicación del afroamericano, los coches... todo. Sabía que mentía y estaba dispuesto a sacarle la verdad como fuera. Al final se desmoronó. Demasiada presión durante todos aquellos nueve días. Entre sollozos le dijo al *sheriff*: «Mis niños no están bien. Están en el coche, en el lago». Firmó la siguiente declaración ante un agente del FBI y uno de la División de Aplicación de la Ley del Estado el 3 de noviembre de 1994:

> Cuando salí de mi casa el martes 25 de octubre, estaba muy angustiada emocionalmente. ¡No quería vivir más! Sentí que las cosas podrían empeorar. Iba a dar una vuelta y luego a casa de mi mamá.
>
> Mientras conducía y conducía y conducía, sentí que me embargaba aún más ansiedad por no querer vivir.

Sentía que ya no podía ser una buena madre, pero no quería que mis hijos crecieran sin una madre. Sentí que tenía que acabar con nuestras vidas para protegernos de cualquier dolor o daño.

Nunca me había sentido tan sola y triste en toda mi vida. Estaba muy enamorada de alguien, pero él no me amaba y nunca lo haría. Me costó mucho aceptar eso. Pero lo había lastimado mucho y podía ver por qué nunca podría amarme.

Cuando estaba en John D. Long Lake, nunca me había sentido tan asustada e insegura como entonces. Tenía tantas ganas de terminar con mi vida y estaba en mi auto lista para bajar esa rampa al agua, y lo hice en parte, pero me detuve. Salí del auto y me quedé junto al él muy nerviosa.

¿Por qué me sentía así? ¿Por qué todo estaba tan mal en mi vida? No tenía respuestas a estas preguntas. Caí más bajo cuando permití que mis hijos bajaran por esa rampa al agua sin mí.

Salí corriendo y gritando ¡Oh, Dios! ¡Oh, Dios, no! ¿Qué he hecho? ¿Por qué dejaste que esto sucediera? Tenía tantas ganas de dar la vuelta y volver, pero sabía que era demasiado tarde. ¡Era un caos mental absoluto! No podía creer lo que había hecho.

Amo a mis hijos con todo mi corazón. Eso nunca cambiará. Les he rezado pidiendo perdón y espero que lo encuentren en su corazón y me perdonen. ¡¡Nunca quise lastimarlos!! Lamento lo que ha pasado y sé que necesito ayuda. No creo que alguna vez pueda perdonarme por lo que he hecho.

Mis hijos, Michael y Alex, están ahora con nuestro Padre Celestial y sé que nunca más serán lastimados. Como madre, eso significa más de lo que las palabras podrían decir.

Sabía desde el primer día que la verdad prevalecería, pero estaba tan asustada que no sabía qué hacer. Fue muy duro emocionalmente sentarme y ver a mi familia sufrir como ellos. Era hora de traer tranquilidad a todos, incluyéndome a mí.

Mis hijos merecen tener lo mejor, y ahora lo tendrán. Me derrumbé el jueves 3 de noviembre y le dije al alguacil Howard Wells la verdad. No fue fácil, pero después sentí que me había quitado de encima un gran peso.

Ahora sé que hay un camino largo y difícil por delante. En este mismo momento, no siento que pueda manejar lo que se avecina, pero le he pedido a Dios que me dé la fuerza para sobrevivir cada día y enfrentar esos momentos y situaciones en mi vida que serán extremadamente dolorosas. He puesto toda mi fe en Dios y él me cuidará.

El *sheriff* pidió que se buscara el Mazda Protege en el John D. Long Lake. Al cabo de unas horas lo pudieron sacar del fondo. En su interior estaban los dos niños sentados en sus sillas y en el asiento del copiloto la carta de Tom Findlay. Una vez localizados los cadáveres, David Smith le preguntó por qué había asesinado a sus dos hijos. Con frialdad le contestó: «Tranquilo, cuando salga de aquí espero regresar contigo y tener más hijos».

En la primera audiencia del juicio fue declarada psíquicamente competente para asistir al mismo. Tuvo como abogados a David Bruck y Judy Clarke. Estos intentaron que la sentencia a muerte no se aplicara y se cambiara por cadena perpetua revisable. Atribuyeron todo lo ocurrido a la carta que había recibido de Tom Findlay. Ese fue el detonante para sufrir una enajenación mental transitoria. Aquella carta le había hecho perder la razón y por eso acabó con la vida de sus hijos. Susan Vaughan era una víctima.

Por su parte, el fiscal Tommy Pope incidió en los pequeños asesinados por su madre. Dijo que «ellos seguramente estuvieron llorando, estaría oscuro ahí abajo. Tendrían miedo. Sabían que estaban solos». Reconstruyó lo ocurrido proyectando un vídeo en el que se explicaba cómo había pasado todo. En el vídeo se pudo apreciar que el coche tardó ocho minutos en hundirse. Uno de los buceadores comentó que la manita de uno de los niños estaba apoyada en el vidrio de la puerta.

El jurado dictó sentencia el 28 de junio de 1995. La condenaron a cadena perpetua revisable. Al conocerse el veredicto David Smith dijo: «Yo no podré olvidar nunca lo que hizo. No olvidaré nunca a Michael y Alex. Mi familia y yo estamos decepcionados que no la hayan condenado a muerte». Michael y Alex Smith fueron enterrados juntos en el mismo ataúd en el cementerio Bogansville de la Iglesia Metodista Unida el 6 de noviembre de 1994, junto a la tumba Danny Smith, hermano de David.

Susan Vaughan fue encerrada en el Correccional Camille Griffin Graham, en Columbia. Ahí tuvo relaciones sexuales con dos guardias. El hecho se descubrió porque ella desarrolló una enfermedad de transmisión sexual. La trasladaron al Correccional de Leath, en Greenwood, Carolina del Sur. En 2011, con cuarenta años, intentó suicidarse cortándose las muñecas con una hoja de afeitar. Susan Leigh Vaughan quedará en libertad en 2025.

Análisis psicológico

El filicidio es un término que hace referencia a la muerte violenta de un niño a manos de uno de sus dos progenitores. Si bien es cierto que los hombres, cuando se trata de homicidios o asesinatos en general, ostentan un indudable primer puesto, cuando hablamos de filicidios estos son cometidos con más frecuencia por mujeres. En la literatura criminológica, se distingue entre neonaticidio, aquel que ocurre en las primeras veinticuatro horas de vida del recién nacido, el infanticidio, cuando la víctima tiene menos de un año, o el filicidio, cuando se trata de víctimas a partir de un año de edad. Hacer esta distinción no es baladí, ya que las circunstancias, las motivaciones y los métodos empleados suelen diferir atendiendo a la edad del infante. El 70% de los filicidios y el 95% de los neonaticidios son cometidos a manos de las madres.

El filicidio no se trata de una conducta criminal reciente, al contrario, a lo largo de la historia de la humanidad se ha repetido este suceso y para entender por qué se debe prestar atención a variables históricas, culturales, sociodemográficas, ambientales e individuales de aquellas personas que lo cometen. Se puede decir que es un fenómeno tan antiguo como el hombre e incluso, históricamente, socialmente aceptado e incluso legal. Si echamos la vista atrás podemos encontrar filicidios con motivaciones rituales, a modo de ofrenda a deidades, por motivos eugenésicos, eliminando aquellos niños nacidos con taras, como método de control de la natalidad, o para evitar la deshonra que suponía un hijo bastardo o nacido fuera del matrimonio, entre otros. Afortunadamente, en la actualidad y en el mundo occidental es una práctica mucho menos frecuente, pero en absoluto inexistente. Si nos extendemos en la introducción es porque presumimos la estupefacción de lector a la hora de intentar entender estos crímenes. ¿Qué llevaría a una madre a querer acabar con la vida de su hijo? Resnick en 1969 publicaba en la revista *The American Journal of Psychiatry* una minuciosa clasificación de las motivaciones que tendrían los padres para acabar con la vida de su prole. Estas serían:

—Filicidio altruista: es aquel que es perpetrado con la finalidad de mitigar el sufrimiento, real o imaginado, de un hijo. Cuando va acompañado del suicidio posterior del progenitor se le conoce por el término filicidio-suicidio.

—Psicótico severo: se produce cuando uno de los progenitores se encuentra invadido por severos delirios o alucinaciones en el marco de un cuadro psicótico agudo.

—Infante no deseado: el niño llega al mundo sin haber sido querido ni buscado, a menudo por padres incompetentes para la crianza, o en otro momento supone una molestia o un impedimento a nivel económico, de proyección laboral o vital.

—Filicidio accidental: suele estar relacionado con antecedentes de maltrato, y se suele dar en circunstancias en las que se aplica una excesiva disciplina de un modo violento e impulsivo, pero sin intención primera de matar.

—Filicidio por venganza del cónyuge: lo que hoy conocemos como violencia vicaria.

Al examinar las motivaciones que pudo tener Susan Vaughan para asesinar a sus hijos debemos remontarnos a su pasado para esbozar su perfil psicológico. En sus primeros años de vida podemos detectar varios sucesos traumáticos capaces de dejar una profunda huella psicológica. El primero de ellos debió ser el divorcio de sus progenitores y el posterior suicidio de su padre unas semanas después de este. Es lógico intuir que el padre de Susan tenía algún tipo de problema mental. Como se desprende de multitud de estudios científicos, los antecedentes de suicidio en familiares, especialmente de primer grado, aumentan el riesgo de intentar o cometer suicidio. Asimismo, los antecedentes familiares de trastornos ansioso-depresivos también hacen más susceptibles de padecerlos a la prole.

Hemos visto en el relato que Susan intentó suicidarse en varias ocasiones. Seguro que el suicidio de su padre no fue el único factor determinante para sus propios repetidos intentos, pero también seguro que este factor intervino. Otro suceso determinante en el desarrollo de lo que a todas vistas es una personalidad de tipo inestable fue el antecedente de abusos sexuales por parte de su padrastro y la negligencia de su entorno para protegerla de ellos. Como hemos visto, Susan intentó denunciar los abusos, pero estos fueron vilmente acallados por los abogados e ignorados, tal vez tolerados, por su propia madre. Se ha visto que uno de los factores que determinan el desarrollo de un cuadro de estrés postraumático en las víctimas de abuso sexual es el modo en que reacciona su entorno. Si el entorno reacciona de manera negligente, minimizadora o culpabilizadora hacia la víctima es más probable que el trauma se desarrolle. Hemos visto que posteriormente a esto, la personalidad de Susan se desarrolla con una tendencia a la inestabilidad afectiva y a la involucración con múltiples parejas afectivas. Todas estas características serían propias de lo que en psicopatología denominamos un trastorno límite de la personalidad.

Según el *Manual Diagnóstico y Estadístico de los Trastorno Mentales* en su quinta edición (*DSM-5*), el trastorno límite de la personalidad (TLP) se define como «patrón predominante de inestabilidad en las relaciones, de la autoimagen y de los afectos, e impulsividad intensa que comienza en las primeras etapas de la vida adulta y está presente en diversos contextos (…)». Las personas afectadas pueden realizar esfuerzos desesperados para evitar un abandono real o imaginario, suelen mantener un patrón de relaciones interpersonales inestables e intensas, son impulsivas, a menudo pueden realizar amenazas o intentos de suicidio. Además, presentan una notable inestabilidad del ánimo debido a que reaccionan exageradamente con el ambiente que les rodea, exhibiendo episodios de irritabilidad o ansiedad abigarrada. Pueden presentar sensaciones crónicas de vacío que le impulsan a una continua búsqueda de sensaciones —incluida la involucración con múltiples parejas sentimentales— y dificultades para controlar la ira. Atendiendo a esto, vemos que Susan presenta en su biografía muchas de estas características de personalidad. También se describen en las personas TLP numerosos antecedentes de sucesos traumáticos que pueden colaborar en el desarrollo de este trastorno.

Pero ¿pueden estas por sí solas explicar el desenlace de esta historia? Es posible que Susan estuviera experimentando ira intensa en esos momentos, tal vez proyectada en sus hijos por hacerlos responsables de la pérdida de un amor idealizado. Tal vez sintiese que todos los traumas y frustraciones de su vida se arremolinaban alrededor de aquel suceso. Por sus propias declaraciones, manifestó que lo que inicialmente pretendía llevar a cabo era un suicidio ampliado. Como hemos visto, el suicidio ampliado es aquel acto con una finalidad compasiva en el que la persona tiene deseos de suicidio y valora que las personas que dependen de ella quedarán desatendidas y sufrirán en la vida a causa de esto. Susan manifestó que quería acabar con su propia vida y la de sus hijos porque ya no lo soportaba más y probablemente no quería dejarlos, como ella consideraba, desamparados.

Ya hemos visto que de ninguna manera quería dejarlos con su marido, del que se estaba separando. Pero esta explicación no casa con el comportamiento deshonesto que tuvo tras asesinarlos, intentado desviar las sospechas sobre ella, mintiendo y acusando a un presunto hombre afroamericano de haberlos secuestrado, lo que provocó un auténtico conflicto racial. No exhibió una psicopatología que apuntase a una depresión grave y psicótica ya que se dedicó a representar un papel de víctima, a engañar y mentir. Por lo que todo apunta a un acto egoísta, una situación en la que sus hijos eran un inconveniente para la consecución de sus objetivos. Porque tras ser descubierta, tampoco exhibió unos sentimientos de culpa y arrepentimiento genuinamente creíbles. Todo este comportamiento apuntaría también a la presencia de rasgos narcisistas y antisociales, como lo indican las afirmaciones hacia su marido acerca de que cuando saliera de prisión volverían a estar juntos y a tener más hijos, asumiendo que él aceptaría esta proposición, o como el hecho de que mantuviera relaciones sexuales no permitidas en prisión exhibiendo así una continua conducta antinormativa.

En relación a la imputabilidad criminal, concepto por el cual una persona quiere libremente realizar un determinado acto y entiende las consecuencias legales y morales del mismo, Susan fue declarada totalmente imputable, por lo que el tribunal entendió que, a pesar de estos rasgos de personalidad, tenía plena capacidad para distinguir entre el bien y el mal y, por lo tanto, asumir la responsabilidad penal de sus actos.

Mujeres planificadoras

Preparó el escenario a consciencia para que los investigadores creyeran que el desenlace fatal había sido consecuencia de un juego sexual. El 19 de febrero de 2008 la mujer de la limpieza encontró el cadáver de Ana María Páez Capitán. Estaba tumbada en el sofá, desnuda, con semen en la boca y genitales, y una bolsa de plástico atada en la cabeza. Un crimen casi perfecto, porque tuvo sus fallos.

Aquella escena la había preparado María de los Ángeles Molina, conocida como Angie. ¿Por qué cometió el crimen? Lo llevaba organizando desde hacía dos años. Angie, haciéndose pasar por la víctima, había contratado unos quince préstamos y seguros. De morir Ana María Páez, cobraría un millón de euros.

Este no fue el primer delito cometido por Angie. Su marido, Juan Antonio Álvarez, presuntamente se suicidó en Maspalomas (Gran Canaria), en 1996. Aquel caso se cerró, sin ser investigado. Años después se reabrió el caso, pero quedó archivado y no fue imputada por ello. Angie se llevó cuarenta millones de pesetas como herencia con la venta de propiedades y acciones. Podía haberse llevado más dinero si el seguro no hubiera descartado pagarle el seguro de vida por haberse suicidado. El marido murió como consecuencia de haber ingerido fosfato. Angie dijo que se había equivocado al confundirlo con sal de frutas. También denunció que le robaron la cartera para matarlo. Con lo cual no había sido un suicidio, sino un robo. Nada de todo esto fue aceptado por la compañía de seguros. El robo nunca existió, pues encontraron la cartera en casa de Angie once años después, cuando la registraron al acusarla de haber asesinado a Ana María Páez.

De Canarias se trasladó a Barcelona. Angie era originaria de Zaragoza. Se inventó un personaje. Decía que su familia era adinerada, con títulos nobiliarios y tierras con árboles frutales por España. La realidad es que su padre era taxista y la madre ama de casa.

En Barcelona empezó a trabajar, como jefa de Relaciones Humanas, en una empresa textil. Tenía su sede en Mataró. Ahí conoció a Ana María Páez. Se hicieron amigas. Debido a su cargo tenía acceso a todos los datos de su nueva amiga. Utilizando una peluca se hizo pasar por ella. Entre abril de 2006 y noviembre de 2007 contrató seis pólizas de crédito por valor de 102.415 euros y diez seguros de vida por 840.000 euros. Las pólizas de crédito las pudo cobrar. Puso como beneficiaria, en los seguros de vida, a una tercera persona que no los pudo cobrar.

Cuando tenía organizada la trama bancaria, empezó a pensar la manera de matar a su supuesta amiga. No quería ser descubierta, por eso ideó que un juego sexual había acabado con su vida. Acudió al local American Gigolo de Barcelona. Se puso la peluca y a dos gigolós latinoamericanos, previo pago de cien euros a cada uno, les pidió que llenaran dos frascos esterilizados con semen. Después, con una tarjeta Visa a nombre de Ana María Páez, alquiló un apartamento en la calle Camprodón de Barcelona. Ahí quedaría, el 19 de febrero de 2008, para cenar con su amiga y futura víctima.

Todo lo tenía preparado. Ahora le faltaba una coartada para poder ser exculpada. ¿Qué tramó? Aquel 19 de febrero de 2008, con un Porche 911 fue a Zaragoza, pagando la autopista con Teletac —para que existiera un registro de su viaje— y fue a la funeraria a recoger las cenizas de su madre. Esta había fallecido un año antes, el 22 de enero de 2007. Regresó a Barcelona pero, esta vez, pagó la autopista al contado. Llamó a Ana María a las 19:55, llegando a Barcelona a las 20:30. Después cometió el asesinato. Angie pensaba que había cometido el crimen perfecto. ¿Dónde se equivocó?

El 19 de febrero de 2008, antes de marcharse a Zaragoza, fue a una entidad bancaria de Mataró y retiró 600 euros de una cuenta de Ana María Páez. Se puso una peluca y se hizo pasar por ella. El problema es que las cámaras de seguridad la grabaron.

En el lugar del crimen se encontró una peluca —muy similar a las utilizadas por Angie— con restos biológicos de ella. Los investigadores se extrañaron porque no encontraron la ropa y las pertenencias de Ana María Páez. Esto era muy extraño.

El registro de internet demostró que Angie había buscado gigolós. También guardaba en su casa una botella de cloroformo cerrada y precintada. Se demostró que la caligrafía de las firmas de los documentos supuestamente hechos por Ana María Páez era la de Angie.

El novio declaró que aquella noche Angie llegó a casa tarde y alterada. Además, detrás del inodoro, encontró varios contratos a nombre de la víctima.

En el momento de registrar la casa se encontró una tarjeta Visa, con la que había pagado el apartamento de la calle Camprodón. Además, se encontró documentos de la mujer que era la beneficiaria de los seguros de vida. Esta mujer no sabía nada. Angie había encontrado su pasaporte olvidado en una copistería.

Durante el juicio se destacó su crueldad y frialdad. El 9 de marzo de 2012 el juez le imputó cargos de asesinato, falsedad documental y estafa. Condenada a veintidós años de prisión, el 5 de junio de 2013 el Tribunal Supremo rebajó la condena a dieciocho años de cárcel tras cambiar la consideración de asesinato a homicidio doloroso. ¿Por qué? La sentencia se corrigió al darse por probado que Angie adormeció a su amiga con una sustancia que no se había podido determinar y luego la asfixio con una bolsa de plástico que le puso al cuello. Asimismo, condenaba también a la acusada a indemnizar con 200.000 euros a la pareja, padres y hermano de la víctima y le imponía el pago de una multa de 3600 euros, cantidad que el tribunal consideraba «perfectamente asumible» por una persona propietaria de varios coches de alta gama y que recibía una asignación anual paterna de 100.000 euros. Se debían indemnizar a las entidades bancarias donde Angie había recurrido para cometer las estafas.

El número 40.286 fue agraciado con el primer premio de la lotería de Navidad del año 1979. En total este número repartió 6400 millones de pesetas. Se vendió en pequeñas participaciones por la junta económica de la parroquia de Nuestra Señora de Fátima de Granollers. De las treinta y dos series se devolvieron tres —por no haberse vendido— a la administración número 1 de Granollers, situada en la calle Sant Roc. Esta administración vendió por ventanilla las tres series devueltas. Según las crónicas de la época «los beneficiados, por el gordo son trabajadores muy modestos, básicamente extremeños y también andaluces inmigrados en Cataluña, así como algunos pequeños tenderos catalanes. En su mayoría residentes en Canovelles...». Con una participación —que de las cien pesetas se jugaban ochenta— el agraciado obtuvo 800.000 pesetas. ¿Por qué hablamos de un sorteo de Navidad?

El premio que se repartió en muchas familias humildes de Canovelles fue el móvil del crimen que contaremos en este capítulo. Un asesinato que conmocionó a la sociedad catalana del 1981. Un asesinato cometido por una mujer, Luisa Conill Oms, nacida en 1948 y vecina de Canovelles. Casada y con dos hijos. Mujer respetada por sus vecinos, nada hacía suponer el crimen que llevó a cabo un 16 de abril de 1981.

Era el Jueves Santo de 1981. Aquella tarde Luisa Conill secuestró a Ana María Puerto Parra de once meses. En diciembre de 1979 los padres de la niña habían ganado diecisiete millones de pesetas en el sorteo de Navidad. El móvil del secuestro era la extorsión a los padres para conseguir dinero fácil. La acusada había contraído importantes deudas derivadas de unas obras de ampliación de su casa y su negocio. Aunque residía en Canovelles, Luisa Conill nació en Mollet del Valles y allí fue al colegio con la madre de Ana María. Se puede decir que eran íntimas amigas. El asunto se le escapó de las manos.

Luisa Conill regentaba la Librería-Papelería Requena que estaba en la calle Riera número 49. En el número 46 vivía la familia Puerto Parra. Aquel 16 de abril de 1981, Jueves Santo, a las 15 h, entró en la casa y se llevó a Ana María. La madre, después de darle de comer al bebé, bajó al piso inferior donde vivía su suegra. Dejó la puerta abierta para poder oír a la niña si lloraba. Al regresar la niña había desaparecido. Ese día, Luisa consiguió llevarse a la niña, aunque existen sospechas de que ya lo había intentado antes.

Fue hasta la librería y escondió a la niña en la trastienda. Antes le suministró cibalgina. Allí estuvo hasta las 18 h. A esa hora la niña se despertó. Empezó a llorar desesperadamente. Tenía hambre. Luisa Conill se puso nerviosa. No quería que la descubrieran. Le tapó la boca con un trapo. Al ver que la niña no dejaba de llorar tomó una madeja de hilo de tricotosa, la enrolló alrededor del cuello de la niña y apretó. Acto seguido la metió dentro de un armario. Se marchó asustada por lo que acababa de hacer. Al día siguiente, 17 de abril, metió a la niña en una bolsa y la introdujo dentro de un tambor de detergente para lavadora. Lo subió a la azotea del edificio y se marchó.

La intención de Luisa Conill era extorsionar a los padres. Los nervios la habían llevado a asesinarla. Nadie conocía aquella circunstancia. Así pues, decidió continuar con el plan preestablecido. Viva o muerta los padres le pagarían un rescate. Al tener una relación casi familiar con la familia Puerto Parra, cada día los iba a visitar y los consolaba. Incluso se puso a disposición de la policía por si podía ser de ayuda. La policía empezó a investigar la curiosa desaparición de la niña de su casa. La puerta no estaba forzada y esto les hizo sospechar que el raptor tenía que ser un conocido. La acusada había robado un manojo de llaves con las que la bebé, unos meses antes y durante una visita, jugaba despreocupada.

A principios de mayo de 1981 volvió a la azotea. El cuerpo de la niña empezaba a descomponerse y olía mal. Pensó que si alguien se percataba del olor la descubrirían. Abrió el tambor y le arrancó de la oreja el pendiente. Acto seguido envolvió el cuerpo en papel de aluminio, en varias bolsas de plástico, y de nuevo la introdujo dentro del tambor de detergente. Lo sacó de la azotea y lo escondió en el garaje.

Con el pendiente en su poder, a primeros de junio de 1981 envió una carta a los padres. En ella les pedía doce millones de pesetas por el rescate de la niña. Asimismo, les daba instrucciones de dónde y cuándo se haría el intercambio. El 11 de junio envió una segunda carta. En ella se indicaba dónde se debía dejar el dinero. El 4 de julio cometió un fallo. Tras varios intentos de hacerse con el dinero, hizo una composición fotográfica de la niña, la colocó en el interior de un sobre con instrucciones y lo dejó debajo de la caja registradora de la papelería. Hizo ver que la acababa de descubrir. La policía investigó a todas las personas que habían estado ese día en la papelería. Ninguna de ellas resultó sospechosa. Sin embargo, la policía cada vez tenía más claro que la infanticida era Luisa Conill. La policía estaba desconcertada pues, según ella, los secuestradores habían llamado varias veces a la papelería para dar instrucciones de donde se tenía que dejar el dinero. Era muy raro que se pusieran en contacto con una vecina y no directamente con la familia Puerto Parra. La policía fue recopilando pruebas. Llegaron a la conclusión de que la secuestradora era Luisa Conill.

El 13 de julio la policía hizo un primer registro en su casa. Encontró los objetos que había utilizado para escribir las cartas. Decidieron registrar el garaje. Antes de que descubrieran el cadáver dijo que era culpable, que la niña estaba viva en una casa de La Garriga. La policía le pidió que los acompañara. Antes de llegar a la dirección que les había indicado reconoció que todo era mentira. Llevada a las oficinas de la Policía judicial, reconoció su delito y confesó que el cuerpo de la niña estaba en el garaje de su casa. Sobre el juicio publicaba el periódico *El País* el 13 de julio de 1983 la siguiente crónica:

> Su declaración llegó al público como un susurro. A menudo, sus palabras quedaron apagadas por los murmullos y por los comentarios perdidos del cerca de un centenar de personas que abarrotaban la sala. Durante todo el rato que duró su interrogatorio, permaneció en el centro de la sala, de pie, imperturbable, cogiendo con las dos manos un bolso blanco de piel, a juego con un vestido ceñido con un cinturón rojo. A lo largo de la vista solo trenzó dos gestos: el primero fue como un rictus de sorpresa y de dolor, cuando uno de los testigos habló de las llamadas telefónicas, reclamando un rescate por la niña secuestrada. El segundo fue de temor, cuando al acabar la sesión de la mañana y cruzar ante el público, unas mujeres la insultaron y la llamaron «asesina». (…) Luisa Conill aludió a los presuntos malos tratos y a las amenazas que había recibido durante su estancia en la comisaría de Granollers y habló también del temor de que pudiera pasarles algo a su esposo y a sus dos hijos.
>
> Como en un enorme rompecabezas, el abogado Luis Chía llevó hasta la sala cada una de las piezas inconexas de un sumario que en su día empezó a investigar en Granollers el magistrado Javier Béjar. El letrado Chía

preguntó a la procesada y a los testigos sobre las llaves de la casa, sobre los vecinos no interrogados y que un buen día desaparecieron, y, sobre todo, hizo referencia al recorrido misterioso de los perros de la Guardia Civil, quienes después de oler la sábana y la almohada de la cuna de la niña, salieron trotando por la escalera y partieron corriendo en una dirección totalmente opuesta a donde después se encontró el cadáver.

De la larga lista de testigos que pasaron ayer a testificar —el marido de la acusada, una tía de la procesada, los padres de la niña, un tendero y un adolescente— destacó la declaración de José Pastor, un muchacho de veintiún años que en julio de 1981 fue detenido por la policía, acusado de estar implicado en el caso. José Pastor, que en aquella fecha fue detenido e ingresó en la cárcel Modelo de Barcelona por supuesto encubrimiento de los hechos, puso ayer al descubierto uno de los capítulos más confusos e incoherentes, al explicar que durante el tiempo que duró la desaparición de la pequeña recibió dos llamadas anónimas ofreciéndole un negocio: «Me ofrecieron 1000 pesetas por ir a recoger una bolsa. Era una voz de mujer conocida. Estuve pensando en esa voz. Cuando me llamó por segunda vez, la reconocí. Era ella, Luisa Conill, la propietaria de la librería. Se lo dije a mis padres, pero no me hicieron caso».

El Tribunal Supremo la condenó a treinta y siete años, seis meses y un día de cárcel y la obligó a indemnizar con cinco millones de pesetas a los padres de Ana María. Rechazó todos y cada uno de los motivos del recurso y confirmó íntegramente la sentencia dictada por la Audiencia Nacional. No acabó aquí la historia de Luisa Conill. El 3 de septiembre de 1987 el periódico *El País* publicaba la siguiente noticia:

Luisa Conill Oms, que actualmente cumple treinta y ocho años de prisión por el secuestro y asesinato de una niña de once meses llevado a término en 1981 en Canovelles (Barcelona), declaró en 1985 en el espacio informativo Miramar de TVE, emitido desde Sant Cugat, que se había reconocido responsable del crimen como consecuencia de las amenazas y torturas que le había sometido el inspector Emilio Monge Ruíz, quien en aquella época dirigía la brigada de la policía criminal de Barcelona. Ante estas manifestaciones, el inspector de policía decidió actuar a nivel particular y recabó los servicios de un letrado privado, a través del cual presentó una querella criminal contra la procesada y contra TVE, a la que acusaba de difundir la noticia calumniosa. Televisión Española deberá indemnizar con un millón de pesetas al inspector de policía Emilio Monge Ruíz.

No cumplió la condena completa. La antigua ley especificaba que cada día pasado en prisión se reducían tres. Luisa Conill pasó un poco más de siete años en la cárcel. Actualmente en libertad vive en la población de Hospitalet de Llobregat. Mantiene una buena relación con sus hijos. Mató a Ana María Puerta Parra por envidia. No podía soportar que fuera un matrimonio feliz y que, además, les hubiera tocado la lotería. La codicia fue el móvil de Luisa Conill. La inexperiencia hizo que la niña muriera y que el drama haya marcado a dos familias de Canovelles de por vida.

Perfil psicológico

¿Cómo se definiría el crimen perfecto? Sería aquel urdido con tal esmero, cuidado y cálculo que aparenta no ser un crimen, sino tal vez un accidente o suceso natural. Es un delito que simplemente no se detecta como tal, que pasa desapercibido. La consecución de este hito no está al alcance de cualquiera. Muchos lo han intentado antes, no sin ver sus vanas esperanzas dilapidadas en alguna sentencia judicial. No sin pasar posteriormente los días en una celda preguntándose en qué fallaron. María de los Ángeles Molina, Angie, creyó poder cometer el crimen perfecto y ¿por qué no? Si es posible que ya lo hubiese cometido antes. De Angie sabemos, antes de ser tan tristemente infame, que provenía de una modesta familia de Zaragoza. Su padre era taxista, su madre ama de casa. Era hija única y nunca le faltó de nada. Su padre le aconsejaba que no se fijara en la gente por lo que tenía, sino por lo que era. No obstante, ella aspiraba a más. Fantaseaba con una vida llena de comodidades y lujos, creía de verdad que se la merecía.

En la veintena de su juventud, viajó con una amiga a Gran Canaria para pasar unas vacaciones. Allí conoció a Juan Antonio Álvarez, un acomodado empresario, dueño de varios locales de ocio nocturno y varios años mayor que ella. Angie le dijo que nada los separaba, si acaso su edad. Le contó que su familia pertenecía a la burguesía, que eran dueños de terrenos

y campos y que ella era una rica heredera, mas en la conviven-
cia todo se ve, y Juan Antonio no tardó en averiguar la verdad y
tuvieron ahí su primera gran crisis. De cómo reaccionó Angie
al verse descubierta en su mentira poco sabemos. Qué contó,
cómo se justificó. Si hubo lágrimas, suplicas, ruegos y justifi-
caciones o, por lo contario, actitudes desdeñosas que minimi-
zaban su pequeña travesura, eso quedará en la intimidad de
aquel matrimonio. Lo que es casi seguro es que aquello sembró
la primera semilla de la desconfianza. Y de cómo se debe sentir una persona al percatarse de que en realidad no conoce a
la persona con la que decidió casarse solo nos podemos hacer
una idea.

Decepción, enfado y desconfianza. Tanto es así que Juan
Antonio optó por contratar un detective privado solo para
descubrir que su esposa llevaba una doble vida. Que durante
sus frecuentes viajes a Barcelona se veía con otros hombres.
Llevar una doble vida, al igual que cometer el crimen perfecto, no es virtud del que quiere sino del que puede. Esta cua-
lidad camaleónica se le reserva a la personalidad psicopática.
Aunque a veces se ha equiparado la personalidad antisocial, tal
y como es recogida en el *Manual Diagnóstico y Estadístico de
los Trastornos Mentales* en su quinta edición (*DSM-5*), la biblia
diagnóstica de los especialistas en salud mental, con la psicopa-
tía, ambas presentan notables diferencias. Es cierto que ambos
términos comparten un patrón general y predominante de
conducta que utiliza el engaño y la mentira para sacar prove-
cho de los demás. Comparten una insensibilidad y una ausencia de remordimiento ante el daño ejercido, frente al hecho de
haber dañado, maltratado o robado a alguien.

No obstante, la personalidad antisocial, término acuñado
para describir a aquellas personas que llevan un estilo de vida
deshonesto y criminal, se refiere más a aquellos sujetos impulsivos, irritables o agresivos. Explosivos. Si el lector se para
a pensar, tal vez se haya cruzado alguna vez con alguno de

estos sujetos antisociales. Pero ¿encaja Angie en el prototipo de personalidad antisocial? No. ¿Cierto? Para describir a los sujetos que además de llevar un estilo de vida deshonesto, con tendencia a la estafa y al engaño, son fríos, calculadores, con baja capacidad de sentir ansiedad, con escasa empatía, pero no impulsivos sino maquiavélicos, a aquellos que tienen la capacidad de esperar el momento justo, a esos los llamamos psicópatas. Robert D. Hare, doctor en Psicología y experto en Psicología Criminal de la Universidad de la Columbia Británica, describió la personalidad psicopática con una serie de características:

—Gran capacidad verbal y un encanto superficial.

—Autoestima exagerada.

—Constante necesidad de obtener estímulos, y tendencia al aburrimiento.

—Tendencia a mentir de forma patológica.

—Comportamiento malicioso y manipulador.

—Carencia de culpa o de cualquier tipo de remordimiento.

—Afectividad frívola, con una respuesta emocional superficial.

—Carencia de empatía. Crueldad e insensibilidad.

—Estilo de vida parasitario.

—Falta de control sobre la conducta.

—Vida sexual promiscua.

—Historial de problemas de conducta desde la niñez.

—Falta de metas realistas a largo plazo.

—Actitud impulsiva.

—Comportamiento irresponsable.

—Incapacidad patológica para aceptar responsabilidad sobre sus propios actos.

—Historial de muchos matrimonios de corta duración.

—Tendencia hacia la delincuencia juvenil.

—Revocación de la libertad condicional.

—Versatilidad para la acción criminal.

Si bien es difícil que todas estas características confluyan en un solo sujeto, podemos intuir muchas de estas en la persona de María de los Ángeles Molina. Amistades del entorno cercano de Angie, en su juventud, afirmaron que se había dedicado a la prostitución durante los primeros años, a fin de costearse caros caprichos, hasta que conoció al que fue su marido. Posteriormente mostró signos de una imperiosa necesidad de seguir poseyendo todo tipo de artículos de lujo y gastando más de lo que ingresaba a pesar de que el matrimonio era bien estante. Por este motivo, cuando su marido le puso un límite al gasto volvió a seducir y a ofrecer su afecto a hombres adinerados. En estas conductas podemos adivinar muchas de las características anteriormente referidas —gran capacidad y encanto superficial, exagerada autoestima, búsqueda de estímulos, mentira patológica...—.

Años después, cuando decidió matar a su compañera y amiga, Ana María Páez, a la que llevaba dos años suplantando la identidad volvió a mostrar estas características psicopáticas. En derecho penal se distinguen cuatro fases en el proceso de ejecución de un delito.

La primera es la fase interna, aquella en la que al sujeto le surge la idea criminal y adopta la decisión de planificar y como ejecutar el delito. Es una fase que se circunscribe al mundo interno del sujeto, que se genera en su mente, mientras se debate entre los motivos para llevar a cabo el delito y las posibles consecuencias.

La segunda fase hace referencia a los actos preparatorios y los actos encaminados a la ejecución del delito. En la tercera fase ya encontraríamos la comisión de la tentativa, una etapa dirigida al tanteo de actos que podrían conducir al resultado esperado, siendo la cuarta fase la comisión del delito. Teniendo en cuenta esto, y recordando que Angie empezó a suplantar la identidad de Ana María dos años antes de la comisión del asesinato y se procuró montar la escena para que pareciera un juego sexual que había salido mal. Ella misma se procuró una coartada por si los investigadores encontraban indicios que los condujeran hasta ella. En síntesis, por lo que hemos visto, Angie tendría un perfil psicológico de personalidad psicopática y planificadora.

Y planificadora también parece nuestra siguiente protagonista, Luisa Conill Oms. Al tratarse de un crimen cometido hace más de treinta años resulta más complicado obtener información acerca de su personalidad previa y manera de hacer. A diferencia de Angie, no se hallan en los artículos ni notas de prensa de la época indicios de que Luisa hubiese cometido algún crimen antes. Por los periódicos sabemos que la secuestradora y asesina de la niña de once meses, Ana Ma Puerto Parra, había intentado en otras ocasiones consumar el secuestro. Unos meses antes de los hechos había robado de las manos de la niña, un manojo de llaves con el que jugaba en la cuna. Lo hizo con la intención de facilitarse acceder a la vivienda y secuestrarla. Con esta información, y a sabiendas de lo que ocurrió posteriormente, podemos fácilmente identificar las cuatro fases de la planificación criminal que apuntábamos antes. La secuestró aprovechando un descuido de la madre, la mató el mismo día y no obstante continuó con el plan establecido.

¿Cuáles son las motivaciones que arrastran a una persona, sin aparentes antecedentes de conducta criminal previa, a cometer semejante aberración? ¿Si su intención era devolver a la niña sana y salva tras el pago del rescate, cómo pudo mantener la entereza y la sangre fría durante meses después de matarla? A la vista del caso, existen indicios de que Luisa carecía de la impasibilidad que caracterizaba a Angie. Ello se extrae de los intentos previos de secuestro, abortados por temor a ser descubierta y del hecho de que la matara solo horas después de sustraerla. Ella era madre de dos niños y por lo tanto debía saber que los bebés lloran, que necesitan comer y estar en un lugar donde sentirse confortables y seguros. Sin embargo, a las pocas horas, cuando la bebé empezó a expresar sus necesidades, Luisa se agobió y la mató.

¿Qué pasó? ¿No lo pensó? De esta secuencia de los hechos se extrae que Luisa debía ser una mujer fantasiosa, ensoñadora. Y que el éxito de la secuencia de sus actos, en sus fantasías, no se ajustaba a la realidad. Si bien vemos que llevaba meses planeando el delito, no se procuró un zulo donde esconder al bebé. No consideró que los nervios podrían traicionarla y, desde luego, no se procuró una tumba improvisada por si algo salía mal. Fue un secuestro planificado, sí, pero mal planificado. Cuesta hacerse una idea de cómo lo construyó en su cabeza a la vista de cómo se desarrollaron los hechos. Las acciones cometidas tras el fallecimiento de la niña denotan terror, pavor e inseguridad. No obstante, en algún momento recobró la entereza. Decidió seguir el plan previamente concebido. Se tragó los nervios y permaneció al lado de la familia consolándola; mantuvo el pulso ante la policía informándoles de que los secuestradores se ponían en contacto con ella para negociar el rescate. Hay que tener sangre fría. Hay que saber mentir. La detuvieron sí, pero tras meses de investigarla.

Podemos denotar en Luisa algunos rasgos comunes a Angie: búsqueda del beneficio propio, escasa empatía, uso de la mentira, planificación con antelación. No obstante, los rasgos de personalidad no son binarios, es decir, los tienes o no los tienes. Los rasgos de personalidad se presentan a lo largo de un continuo de intensidad. Son más marcados en unas personas que en otras. Probablemente Angie tiene rasgos psicopáticos más marcados que Luisa, menor capacidad de sentir ansiedad. También es importante mencionar que el nivel de inteligencia podría haber sido diferente entre estas dos mujeres. Esto se deduciría del bagaje de cada una de sus vidas y determinaría como se produjeron finalmente los hechos y la sofisticación de cada uno de sus proyectos.

Münchhausen por poderes

El trastorno facticio o síndrome de Münchhausen se caracteriza por la aparición de síntomas producidos deliberadamente por el mismo paciente con la intención de recibir atención médica para asumir un rol de enfermo y, a su vez, la simpatía de los demás. El síndrome lo inspiró Karl Friedrich Hieronymus, barón de Münchhausen (1720-1797), quien contaba asombrosas hazañas, como viajar en una bala de cañón o viajar a la Luna. A principios del siglo XX vivió en un distrito de París Jeanne Moulinet —adoptó el apellido Weber de su marido— conocida como l'Ogresse de la Goutte d'Or. Nació en Keritry, un pequeño pueblo de pescadores, el 7 de octubre de 1874. Su padre se dedicaba a la pesca. En 1888 se traslada a París. Sirve de criada en varias casas hasta que, en 1893, se casa con Marcel Weber. Un alcohólico con el que vive en la calle Goutte d'Or número 8. Ella siguió trabajando en diferentes casas, mientras que su marido se gastaba el dinero en alcohol y en el juego. El matrimonio Weber tuvo tres hijos. Dos de ellos murieron supuestamente por una bronquitis en 1905.

El 2 de marzo de 1905 Jeanne cuidaba a su cuñada. Esta tenía dos hijas: Suzanne de tres años y Georgette de dieciocho meses. Aquel 2 de marzo, repentinamente, Georgette enfermó y murió. El médico que examinó el cadáver ignoró las contusiones que tenía en el cuello. Se diagnosticó como causa de la muerte bronquitis. El 11 de marzo Suzanne también falleció.

El médico atribuyó la muerte a convulsiones inexplicables provocadas por la bronquitis. Por aquellas fechas una epidemia asolaba Paris. Por eso la policía no sospechó. Jeanne Weber era muy conocida en el barrio de Montmartre. Sabían los problemas con el alcohol de su marido y el fallecimiento de sus dos hijos. Gracias a esto no le faltaba trabajo.

El 25 de marzo de 1905 Germaine Leon, de siete años, tuvo un repentino ataque de asfixia. Comprobaron que tenía unas manchas rojas en la garganta. Por suerte sobrevivió a ese episodio. Sin embargo, al día siguiente falleció. Los médicos determinaron que por difteria. El 29 de marzo falleció Marcel, el hijo del matrimonio Weber. Como en los casos anteriores se ignoraron las señales reveladoras de estrangulamiento. Durante el entierro de Germaine surgieron algunas voces que ponían el foco de aquellas muertes en Jeanne Weber. Sin embargo, al conocerse el fallecimiento de su hijo, todo se disipó. Culpabilizaron de todo a la epidemia que estaba sufriendo París en aquellos tiempos. ¿Y eso? Aquella pobre mujer, que había perdido a sus tres hijos, era incapaz de matar a nadie. Además, con el drama familiar de su marido, solo le faltaba la pérdida de aquellas criaturas. Para los que la conocían era una buena mujer, que adoraba a los niños, y era incapaz de hacerles daño.

El 5 de abril de 1905, Weber invitó a dos de sus cuñadas a cenar, quedándose en casa con el sobrino Maurice, de diez meses, mientras las otras mujeres salían de compras. Una de las cuñadas regresó antes de lo previsto y sorprendió a Jeanne estrangulando a Maurice. Ambas mujeres se enfrentaron. Milagrosamente salvó la vida. Jeanne fue denunciada, llevada a comisaria e interrogada por el inspector Coiret. Los médicos observaron que todas las criaturas tenían en común dos manchas rojas a ambos lados del cuello. El problema es que no había pruebas para acusarla. Aun así, permaneció en la cárcel a la espera de ser juzgada.

El juicio se inició el 29 de enero de 1906. La fiscalía le imputó ocho asesinatos, incluidos los de sus tres hijos. Jeanne tenía como abogado al prestigioso letrado Henri-Robert. Era imposible que una mujer como Jeanne fuera el monstruo que decía la fiscalía. La defensa llamó al estrado al doctor León Thoinot. Este demostró que todos los niños habían muerto como consecuencia de una extraña bronquitis. Demostró científicamente que Jeanne Weber era inocente. El juez la absolvió de todos sus cargos el 6 de febrero de 1906.

Al leer la historia de Jeanne Weber, un granjero viudo llamado Sylvain Bavouzet, sintió compasión por ella. Consideraba que era inocente y que se estaba cometido una injusticia. Le escribió pidiéndole que fuera a Chambon, donde estaba su granja. Quería que cuidara a sus hijos. Jeanne Weber decidió no aceptar la invitación. ¿El motivo? Su marido no estaba dispuesto a abandonar su hogar.

El 10 de noviembre la policía de París rescata en el muelle Malquais, en el río Sena, a una mujer que comenta haber sido robada y arrojada al río por una banda de apaches —matones—. La mujer se llama Jeanne Moulinet. Aquel suceso pasa inadvertido, pues nadie relaciona que Jeanne Weber y Jeanne Moulinet son la misma persona. El 30 de diciembre de 1906, en el bulevar de la Chapelle, Jeanne intentó suicidarse al saltar desde lo alto del puente de Bercy. Falló, pues las faldas y las enaguas se hincharon con el aire y actuaron como boya. Fue rescatada por la policía y la llevaron a su casa. El 13 de marzo de 1907 aceptó la propuesta de Sylvain Bavouzet y se marcha sola a Chambon. A su llegada ambos acuerdan, para acallar rumores, que ella es prima de la difunta Sra. Bavouzet y se llama Jeanne Glaize. Como ama de llaves se encarga del cuidado de Germaine, de dieciséis años, Louise de once años y Auguste de nueve años.

El 17 de abril de 1907, Auguste Bavouzet sintió cierta debilidad cuando regresó de la escuela. Jeanne Weber lo acostó y se sentó a su lado en la cama. Al regresar por la noche Sylvain Bavouzet y sus hijas la encuentran inclinada sobre el pequeño Auguste. Este se estaba asfixiando. Sylvain y Jeanne lo acompañaron toda la noche. Por la mañana Sylvain fue a buscar leche fresca a una granja cercana para su hijo. Las dos niñas salieron al patio a jugar. Jeanne se quedó sola con el niño. Cuando Sylvain regresó el pequeño había fallecido.

La duda aflora a la mente de Sylvain Bavouzet, al conocer el pasado de Jeanne Glaize/Weber. Confía en sus hijas, pero les pide que permanezcan en silencio. Dos días después del entierro de su hermano, Germaine Bavouzet rompe la promesa hecha a su padre y va a la gendarmería para denunciar a Jeanne Weber y expresa su miedo a ser ella o su hermana menor la siguiente víctima de Jeanne Weber.

Los gendarmes conducen discretamente la investigación. De nuevo solo una coincidencia. Telegrafían a los periódicos parisinos. *Le Matin* envía a un periodista para entrevistar a Jeanne, quien afirma su inocencia. Se realizó la autopsia del pequeño Auguste Bavouzet. Los doctores Audiat y Bruneau de Châteauroux fueron los responsables de realizarla. Observaron hematomas y marcas de estrangulamiento alrededor del cuello. L'Ogresse de la Goutte d'Or habría vuelto a atacar. La fiscalía de Châteauroux se encarga del caso. Al poco llegaron quejas desde París. Se enteraron de que la familia Poyata también fue víctima de Jeanne Weber en 1903, en circunstancias similares a otros casos. Otro asunto sale a la superficie, Paul Alexandre, el tío de la pequeña Lucie, presenta una queja en París contra Jeanne Weber, porque la primera queja presentada a la policía había sido ignorada. Esto complica mucho las cosas para Jeanne Weber.

Es arrestada y encarcelada. Esta vez creían que no podría escapar de la justicia. Sobre todo, porque el juez Belleau a cargo de la investigación estaba firmemente convencido de su culpabilidad. Pero no contaba con el doctor Thoinot. El informe de la autopsia de los abogados de Châteauroux revelaba supuestamente el error del médico parisino. El doctor Thoinot cuestionó las conclusiones y las habilidades de los doctores Audiat y Bruneau. Difamó públicamente a sus colegas provinciales. Tuvo la oportunidad de rehacer la autopsia del pequeño Bavouzet. Llegó a la conclusión de que había muerto de fiebre tifoidea. Durante el juicio el doctor Thoinot argumento que «Jeanne ha tenido mala suerte en el momento de elegir a los niños». De nuevo volvía a ser inocente. El 4 de enero de 1908 se ordenó su puesta en libertad. Jeanne Weber estaba libre, por segunda vez, gracias a la ayuda de la ciencia forense y de su abogado.

Terminado el juicio, sola y abandonada, decide poner fin a todo entregándose a la policía y declarándose culpable de la muerte de Auguste Bavouzet, de sus sobrinos y sobrinas. La policía no la cree. Atribuyen esa declaración a su locura. Hasta que no encuentren un establecimiento psiquiátrico adecuado para ella, deciden internarla en el Hospital Prisión de Saint-Lazare por vagancia. El doctor George Bonjeau, juez del Tribunal de la Seine y presidente de varias organizaciones benéficas, convencido de la inocencia de Jeanne Weber, decide contratarla en una institución llamada Sociedad General para la Protección de los Niños. Ahí permanece poco tiempo debido a su alcoholismo. Decidió regresar a París con un nombre falso.

Si bien algunos altos cargos —como Bonjeau y su abogado— la defendían, la sociedad francesa buscaba venganza por aquellas muertes. De ahí que se cambiara el nombre. Por algún motivo el 5 de marzo de 1908 reveló su identidad estando en Alfortville. Inmediatamente una multitud la rodea para lincharla. Se salva gracias a la intervención de la policía. Vuelve a confesar todos los asesinatos. En aquella ocasión el juez Leydet, a pesar de creerse su confesión, decide dejarla en libertad.

El 8 de mayo de 1908, en Commercy, Jeanne Moulinet y un hombre llamado Boucheri —trabajador en Sorcy y que acababa de conocer— se presentaron ante el matrimonio Poirot-Jacquemot, que tenía una pensión en la calle de la Paroisse. Alquilan una habitación. Jeanne pidió permiso al matrimonio para que su hijo —Marcel Poirot, de seis años— le hiciera compañía durante la ausencia de Boucheri. Este se había marchado a trabajar. Esto se repite varias noches. En una de ellas oyen extraños ruidos procedentes de la habitación de Jeanne. Llaman a la puerta y, al no recibir respuesta, con un duplicado de la llave abren la puerta. Aterrorizados vieron el cuerpo del niño junto al de Jeanne. El niño tenía marcas de estrangulamiento y un chorro de sangre fluía de su boca. Jeane fue arrestada e interrogada por el Comisionado de Comercio. No dijo nada, se mantuvo en silencio. La autopsia del cadáver demostró que le había arrancado la lengua con los dientes y luego lo estranguló con un pañuelo húmedo. Fue encerrada en la prisión de Saint-Mihiel en el departamento de Meuse a la espera de juicio.

Estando encerrada se intentó establecer si Jeanne estaba enajenada o cuerda. Al criminólogo italiano Cesare Lombroso, fundador de la Escuela de Criminología Positiva, se le mostró una fotografía de Jeane Weber. Al estudiarla concluyó que «era un sujeto anormal, su cráneo microcefálico, su frente aplanada y su fisonomía viril la convierte en una epileptoide histérica y cretinoide de una familia de cretinas». Después de un examen psiquiátrico, el 25 de agosto de 1908, fue declarada loca.

La internaron en Maréville. Cada día reclamaba su inocencia. Por su parte la opinión pública francesa estaba frustrada porque la querían llevar a juicio. No consiguieron su propósito. Ese año solicitó el divorcio de su marido. No se lo dieron hasta el 5 de febrero de 1912. Una vez divorciada se casó, 2 de julio de 1912, con Blanche Langlet. Este murió a la edad de setenta y seis años, el 6 de abril de 1950 en Le Kremlin-Bicêtre. En enero de 1910 Jeanne Weber escapó del manicomio de Fains-Véel. Su fuga duró pocos días. El 10 de febrero de 1910 fue arrestada en Le Châtelet-sur-Meuse, mientras intentaba ser contratada en una granja. El 23 de agosto de 1918 Jeane Moulinet/Weber murió de una crisis de locura en un manicomio de la población de Fains-Véel, tenía cuarenta y cuatro años.

En Duanesburg, en el estado de Nueva York, nació el 11 de septiembre de 1942 Marybeth Roe. Menospreciada, desde su infancia por su padre, nunca recibió amor paterno, tratándola con indiferencia. Tampoco ayudaron mucho sus compañeros de clase, que se burlaban de ella. Le hacían *mobbing*. Todo aquello marcó a Marybeth. Poco a poco se convirtió en una mujer solitaria, introvertida y desconfiada.

Estudio Enfermería y consiguió un trabajo en el Hospital Ellis en Schenectady. Parecía que las cosas mejoraban y Marybeth empezó a confiar más en ella, a pesar de estar necesitada de amor y atención. En 1965 se casó con Joe Tinning, analista de sistema de General Electric en Schenectady. Poco tiempo después vinieron los niños. Dos en la década de los sesenta y, en 1971, nació Jennifer. La niña murió a las pocas horas. Quedaron muy marcados por la muerte de la pequeña.

Antes de enterrar a Jennifer inició un curioso ritual. Lavó y planchó minuciosamente toda la ropa que no había podido utilizar la pequeña. La dobló y la guardó, con sus juguetes, en una caja. Después de cerrarla, la guardó.

Las desgracias siguieron. Joseph, de dos años, falleció dieciséis días después de Jennifer. En pocos días el matrimonio había perdido dos hijos. Marybeth volvió a repetir el mismo ritual que, con anterioridad, había hecho con las prendas y juguetes de la niña. El 2 de marzo de 1972 fallecía Bárbara, de cuatro años. En la casa ya se acumulaban tres casas marcadas por los nombres de Jennifer, Joseph y Bárbara. En tres meses el matrimonio se había quedado sin hijos.

Marybeth se quedó embarazada y nació Timothy. Al cabo de catorce días falleció como consecuencia del síndrome de muerte infantil repentina. Un año y medio después nacía

Nathan, que fallecería el 2 de septiembre de 1975. Murió de causas naturales, aunque los médicos y las autoridades locales empezaron a sospechar. La casa de Marybeth ya coleccionaba cinco cajas.

El doctor Robert Sullivan investigó las muertes de los niños, pero no pudo conseguir averiguar nada. Todo parecía normal, concluyendo que, aunque podía haber sospechas, los hijos fallecieron de muerte natural. Marybeth tardó tres años y medio en tener otro hijo. Vino al mundo Mary Frances, que murió tres meses y medio después, también de causas naturales. Diez meses después nación Jonathan, que también falleció al cabo de tres meses y medio. Los Tinning ya habían perdido a Jennifer, Joseph, Bárbara, Timothy, Nathan, Mary Frances y Jonathan.

El matrimonio, creyendo que estaban marcados por algún fenómeno extraño, decidieron adoptar a un niño negro llamado Michael. Este tampoco sobrevivió. Un año y medio después de ser adoptado falleció de una neumonía viral. Las autoridades, que ya sospechaban, decidieron investigar. Consiguieron exhumar los cuerpos de Timothy y Nathan. Las autopsias no demostraron nada sospechoso. Ahora bien, si el matrimonio tenía un nuevo hijo y fallecía, enviarían a un patólogo forense para que se hiciera cargo del caso.

En 1985 nació Tami Lynne. La niña falleció el 20 de diciembre de 1985, con cuatro meses de edad. Aunque las autoridades sospechaban que Marybeth asesinaba a sus hijos. La investigación no demostró nada. Era el noveno hijo del matrimonio que fallecía de causas naturales o por enfermedad. No era normal. Aunque la investigación no había aclarado nada, ahí pasaba alguna cosa.

Como en los casos anteriores, Marybeth repitió el mismo ritual. Ya conservaba en su casa nueve cajas con la ropa y juguetes de los fallecidos. Horas después de la muerte de Tami Lynne detuvieron a Marybeth. La interrogaron durante diez horas. Al final se derrumbó y confesó haber asesinado a sus hijos Timothy, Nathan y Tami Lynne. El 22 de junio de 1987 se inició el juicio de Marybeth Roe. En él confesó que «maté a mis hijos con una almohada porque no soy una buena madre». Varios testigos hablaron del cambio de humor de Marybeth durante el entierro de sus hijos. Pasaba del dolor más profundo a no estar afectada por la muerte de ellos. Uno de ellos comentó que «parecía como si estuviera en una fiesta en la que ella misma era la protagonista».

El análisis psicológico era contundente. Marybeth Roe sufría el síndrome de Munchausen por poder. Es decir, padecía un trastorno que le llevaba a abusar de sus hijos buscando la atención médica innecesaria. El tribunal, a pesar de todo, solo la encontró culpable de muerte en segundo grado. Fue sentenciada a cadena perpetua con un mínimo de veinte años de prisión. Oyó la sentencia el 19 de julio de 1987. La encerraron en la Cárcel de Mujeres de Bedford Hills de Nueva York. Ahí la emplearon en la guardería de la prisión. Se le negó seis veces la libertad condicional. Se la concedieron el 21 de agosto de 2018. Al salir tenía setenta y seis años, de los cuales treinta y uno los había pasado en prisión. Actualmente vive en Schenectady con su esposo, bajo supervisión de libertad condicional. Debe asistir a asesoramiento de violencia doméstica. Además, le aplicaron un toque de queda.

Los nueve hijos no fueron las únicas víctimas de Marybeth Roe. Según informó el Departamento de Psicología de la Universidad de Radford, ella también envenenó a su esposo con una dosis del barbitúrico fenobarbital. Sin embargo, Marybeth lo convenció que se había envenenado en un intento de suicidio. En aquella ocasión Joe sobrevivió, no les ocurrió lo mismo a Jennifer, Joseph, Bárbara, Timothy, Nathan, Mary Frances, Jonathan, Michael, y Tami Lynne.

Análisis psicológico

El *Manual Diagnóstico y Estadístico de los Trastornos Mentales* en quinta edición (*DSM-5*) establece que el trastorno facticio aplicado a uno mismo es la deliberada producción y falsificación de signos o síntomas físicos o psicológicos, o inducción de lesión o enfermedad, asociada a un engaño identificado. El individuo se presenta ante los demás como enfermo, incapacitado o lesionado sin ser verdad. Simula sus síntomas, aunque a menudo no exista un beneficio secundario evidente a ojos de los demás. A diferencia de la simple simulación, estos actos no están encaminando a cobrar una baja, un seguro o eludir una responsabilidad laboral. La motivación psicológica es mucho más compleja, se trata de atender a unas necesidades psicológicas de asumir el rol de enfermo.

Por lo general las personas, cuando están gravemente enfermas, son atendidas con esmero por el personal sanitario, reciben el potencial del clínico, los cuidados de enfermería, hacen uso de las gigantescas instalaciones de los hospitales y se someten a costosas, y en ocasiones peligrosas, evaluaciones y pruebas diagnósticas. Las personas enfermas reciben atenciones, cariño y ayuda de su entorno. Lo que busca una persona con un trastorno facticio es precisamente este tipo de atención. Les produce una enorme recompensa psicológica ser cuidados, atendidos y arropados. Y la provocación de complejas y misteriosas enfermedades que se prolongan indefinidamente les garantiza este propósito.

Ahora bien, cuando una persona infringe deliberadamente estas enfermedades a terceros, que están generalmente a su cargo, se denomina trastorno facticio por poderes. Es un fenómeno que se puede dar entre padres e hijos —y viceversa—, entre cónyuges o en cualquier relación humana de cuidado. Pero lo cierto es que lo más frecuente es que este trastorno, que se considera una forma de maltrato, se presente de madres a hijos. Simulan la existencia o provocan síntomas y signos en el niño con el objetivo de buscar asistencia médica y maniobras diagnósticas y terapéuticas. La motivación de estas madres es la misma que mencionábamos anteriormente, asumir el rol de afanadas madres cuidadoras de niños gravemente enfermos. Reciben indirectamente el mismo tipo de atención y cariño, mientras que mantienen una imagen idealizada de personas integras, valerosas, entregadas y tocadas por la desgracia. Como el auténtico protagonista de una tragedia griega.

El trastorno facticio por poderes se define así en la literatura científica, pero en la divulgativa es sinónimo y más comúnmente conocido como síndrome de Munchausen por poderes. Este término, en referencia a la autoprovocación de síntomas, fue introducido por el pediatra británico Roy Meadow y posteriormente desarrollado por el endocrinólogo Richard Asher en 1951 que describe el síndrome de Munchausen como «pacientes que presentan unas historias clínicas espectaculares, llenas de mentiras e invenciones, en un presumible intento de conseguir seguridad hospitalaria y atención médica», otorgándole el nombre de un fantasioso y mitómano barón que aseguraba haber vivido sorprendentes proezas como soldado y deportista. Al margen de lo pintoresco de este personaje, el síndrome de Munchausen por poderes puede llegar a ser un cuadro extremadamente grave de maltrato, que puede llegar a generar graves secuelas en la víctima receptora de los supuestos cuidados e, inclusive, la muerte. El Munchausen por poderes está descrito como un síndrome clínico, sí, pero es siempre una conducta delictiva.

La historia de Jeanne Moulinet, más conocida en la literatura por su apellido de casada, Jeanne Weber, se ha descrito a menudo como un clásico cuadro de Munchausen llevado hasta el extremo. Hemos leído el relato, ahora veamos cuáles son las presumibles características que la relacionarían con este cuadro. Jeanne procedía de un pequeño pueblo francés y creció en una familia humilde. Poco sabemos sobre su crianza y el afecto que recibió durante su niñez, aunque imaginamos que la vida no debía ser fácil en la Europa del final del siglo XIX para una familia modesta. A temprana edad, doce años, entró a servir como criada. Esto es relevante pues el único oficio que conoció tuvo que ver con el cuidado. Las criadas cuidarían habitualmente de la prole de sus adinerados señores. Cuidar implica sacrificio y entrega, pero también concede poder sobre aquel a quien se cuida, especialmente si es un niño. Tal vez esta consciencia se empezara a gestar en la mente de Jeanne en aquellos primeros años.

Después vino el matrimonio con un hombre que gastaba en alcohol y juego el escaso dinero que ingresaban. Y vinieron tres hijos. Jeanne no tenía apoyos, pero sí muchas cargas. Dos de sus hijos murieron supuestamente de una bronquitis, tal vez fue cierto, las enfermedades asolaban Europa, o tal vez corrieron la misma suerte que el resto de niños que posteriormente asesinó. Lo que es seguro es que las muertes de dos de sus hijos, tristemente, aligeraron la carga de la crianza en un entorno en el que debía trabajar y lidiar con un marido adicto. Además, empezó a recibir las condolencias y el apoyo de su entorno, atención y consuelo, y presumiblemente esto la haría sentir bien, ya tenemos resuelta la ecuación.

Y podemos inferir el beneficio psicológico que le proporcionó eliminar a los otros niños que posteriormente estuvieron a su cuidado, y solo psicológico, porque al eliminarlos también eliminaba su principal fuente de ingresos y su identidad de cuidadora. Es remarcable de este caso notar que al final se desata en ella una especie de furor asesino, como se ha identificado en muchos otros asesinos en serie, que le impide desistir de sus crímenes a pesar de estar en varias ocasiones bajo el foco de la justicia y las sospechas de sus allegados.

¿Qué le impulsaba a seguir, al final, a pesar de verse tan expuesta? Yo propongo que intervino mucho, al margen de si asesinaba por placer o por atención, la falta de consecuencias. A pesar de todo lo relatado, era exonerada una y otra vez, las personas de su entorno seguían dejando niños a su cargo, una especie de barra libre. ¿Acaso no creían a una mujer capaz de semejantes atrocidades? Medios, móvil y oportunidad. No se puede pasar por alto su falta de sutileza en los crímenes, como lo indica el hecho de dejar marcas rojizas en los cuerpos que apuntan a la asfixia mecánica y la escasa preocupación por procurarse una cuartada, cosa que también apuntaría, como postuló Cesare Lombroso, a algún tipo de retraso intelectual.

Más cuidadosa fue la segunda mujer que ocupa este capítulo, Marybeth Roe. La ciencia ha realizado un esfuerzo para identificar el perfil más habitual de una persona que se comporta como un Munchausen por poderes. Se trata con mayor frecuencia de mujeres, madres jóvenes, provenientes de familias desestructuradas, con bajo nivel socioeconómico y con algún conocimiento sanitario o en cuidados. Las víctimas suelen ser sus propios hijos, por lo general, por debajo de los cuatro años y sin que exista una notable diferencia entre si estos son niños o niñas. Marybeth tuvo una desgraciada infancia marcada por las carencias emocionales de un padre que la trataba con indiferencia y dureza. A pesar de esto ella siempre anheló mucho su aprobación. Sus compañeros, la rechazaban y se burlaban.

Transitó durante estos años tan críticos para el desarrollo de la personalidad sin afecto, sin reconocimiento, sin atención. No destacó en los estudios. Realizó varios trabajos no cualificados y eventualmente trabajó como auxiliar de enfermería en el Hospital Ellis en Schenectady, Nueva York. Contrajo matrimonio con Joe, quien le proporcionaría el apellido por el cual fue infamemente conocida como Marybeth Tinning. El matrimonio tuvo nueve hijos entre 1967 y 1985. Los hijos la envistieron de una nueva identidad, madre y cuidadora. Todos los hijos fallecieron en extrañas circunstancias en los primeros meses o años después del nacimiento. Algo fue mal durante el desarrollo intrauterino de su tercera hija, Jennifer, que nació con meningitis y abscesos intracerebrales que condujeron a su fallecimiento a la semana de llegar al mundo, el 3 de diciembre de 1971. Es posible especular que esta primera muerte se tratara de una muerte natural por enfermedad. Otro hecho reciente había impactado fuertemente en su psicología y fue probablemente determinante en lo que sabemos que sucedió después.

El padre de Merybeth, aquel con el que mantenía una relación tan intensamente ambivalente había fallecido poco antes, en octubre de 1971. Dos pérdidas terribles y un nuevo cambio de identidad. Hija y madre doliente. ¿Empezó a recibir tal vez en este momento el cariño, afecto y atención que nunca antes se le había brindado? ¿Experimentó un intenso éxtasis más que un duelo por la pérdida? Es probable. Aun así, es difícil de imaginar la dimensión de esa experiencia que la condujera a asesinar al resto de sus hijos. Y debió ser brutalmente arrastrada por su necesidad de reconocimiento —y su carencia de sentimientos de amor, empatía o culpa— pues tan solo a los dieciséis días fallecía en extrañas circunstancias su segundo hijo. Y a los meses, la primera hija del matrimonio, Bárbara. Y a partir de ahí una espiral de embarazos, raras enfermedades, visitas al hospital, fallecimientos prematuros de todos y cada uno de sus hijos.

Al igual que en el caso anterior, el entorno empezó a sospechar. Los funerales parecían fiestas para el mayor lucimiento de su anfitriona. Guardaba las ropas de sus hijos fallecidos que coleccionaba en cajas, como si de trofeos se tratase, cosa que ya hemos visto en otros asesinos en serie. Su conducta la delató. Pero ¿qué pasaba con su marido Joe? ¿Cómo es posible que no se despertara su suspicacia o la persuadiera de tener más hijos ante tanta tragedia?

En definitiva, vemos a otra asesina que mató casi impunemente —de hecho, solo fue condenada por un asesinato—, siguiendo el dictado de sus egocéntricas necesidades en un entorno —sanitario, social, conyugal— que negligió con las señales. Porque ¿quién puede creer que una dulce y amorosa madre sea capaz de asesinar a todos sus hijos? Son actos que, por más que nos esforzamos, escapan a nuestro entendimiento.

Viudas negras

Se conoce como viuda negra —en alusión a la araña *latrodectus mactans*, que se come al macho después del apareamiento— a aquellas mujeres que matan a personas cercanas —maridos, padres, hijos, familiares...— motivadas por el interés económico, celos, rechazo o venganza. El primer caso de viuda negra fue el de Alice Kyteler. Esta noble irlandesa nació en 1280. De 1302 a 1324 asesinó a William Outlaw, Adam le Blund, Richard de Valle y sir John Le Poer, sus maridos. La tradición popular dice que tuvo relaciones carnales con un demonio llamado Robin Artisson. Al descubrirse los asesinatos fue acusada de brujería, en 1324. Antes de ser quemada en la hoguera consiguió huir, posiblemente a Inglaterra. Nunca más se supo de ella.

Algunos autores han querido ver en Sophie Friederike Auguste von Anhalt-Zerbst, Catalina II la Grande Rusia, a una viuda negra. El motivo es que cuando protagonizó el golpe de Estado que derrocó a Pedro de Holstein-Gottorp Romanov, su marido poco después apareció muerto en circunstancias extrañas. Se dijo que Catalina II mandó envenenarlo. La realidad es que nada tuvo que ver en ese asesinato.

Francisca Ballesteros, nacida en Valencia en 1969. Entre los años 1990 y 2004 mató a sus dos hijas, a su marido e intentó matar a su hijo. Casada con Antonio González Barrivino, vivían en Melilla. Poco después de dar a luz a su primera hija,

Florinda, sufrió depresión posparto. Quiso divorciarse, pero no lo hizo. Tuvo una idea peor, asesinar a su familia.

Envenenó a Florinda, de cinco meses, con colme. Esta es una droga que se utiliza para tratar el alcoholismo, produciendo una reacción de intolerancia al beber alcohol. En poco tiempo Florinda estaba muerta. Se esperó hasta 2004 para llevar a cabo su propósito de acabar con toda la familia. El 12 de marzo de 2004 asesinó a su marido Antonio González, también con colme y los sedantes zolpidem y bromazepam. El 4 de junio de 2004 asesinó a su hija Sandra con los mismos medicamentos. Trató de asesinar a su hijo Antonio, de doce años. Este fue ingresado por intoxicación, el 4 de junio de 2004, en un hospital.

Francisco Ballesteros fue detenida el 7 de junio de 2004, confesando todos los crímenes. Después de juzgarla, el 26 de septiembre de 2005, fue condenada a ochenta y cuatro años de cárcel.

Le Thanh Van fue condenada a muerte, con cuarenta y ocho años en la localidad de Ho Chi Minh (Vietnam) por haber envenenado a trece personas con cianuro. El Tribunal Popular de la provincia de Binh Duong la acusó de asesinato, robo y posesión ilegal de sustancias tóxicas.

Se la acusó de apropiarse de 15.400 dólares estadounidenses, un radiocasete y un teléfono móvil. Los crímenes los llevó a cabo entre enero de 1998 a agosto de 2001. ¿Cómo llevó a cabo esos crímenes? Según el Tribunal Popular «aprovechando al máximo su rostro encantador, su voz dulce y su buen dominio de la medicina, Van trató de entablar amistad con gente rica y luego los engañó para que bebieran agua o comieran alimentos que contenían cianuro».

Van fue condenada a muerte. A su esposo, Dinh Dauh Quang, lo condenaron a veintiún años de cárcel por ayudarla a matar a un taxista en motocicleta.

Todas las víctimas tenían los mismos síntomas de mareos, vómitos y dolores de cabeza antes de morir. Los hospitales no pudieron averiguar la causa de la muerte. Algunos médicos especularon que algunas víctimas podían haber sufrido de neumonía y otras de trombosis coronaria. También era sospechosa de estar involucrada en otros ocho casos en los que dieciséis personas fueron envenenadas y tres de ellas murieron. Aunque no encontraron pruebas suficientes para involucrarla en estos casos de asesinato.

Carolines Grills nació en Balmain (Sydney) sobre el 1888. Hija de George Mickekson y Mary Preiers. El 22 de abril de 1902 se casó con Richard William Grills, con el que tuvo cinco hijos y una hija. Uno de los hijos falleció de fiebre tifoidea al contraerla trabajando de salvavidas en una playa de Maroubra. Otro de los hijos también falleció. Vivieron en diferentes casas hasta que, en 1948, al morir su padre, se trasladó a la casa familiar en Gladerville.

El 11 de mayo de 1953 fue arrestada y acusada de intentar asesinar a su cuñada, Eveline Lundberg y a Christine Downey, hija de esta última. Se había utilizado talio para intentar asesinarlas. Como consecuencia de ello habían perdido el cabello, tenían trastornos nerviosos, ceguera progresiva, pérdida del habla y eventual muerte. El último síntoma no lo tuvieron, pero sí todos los demás. Ambas empezaron a mejorar cuando Caroline Grills dejó de visitarlas.

¿Fue la única vez que había actuado así? Lo cierto es que no. Desde marzo de 1952 hasta el 11 de mayo de 1953, un año y dos meses, se registraron cuarenta y seis casos de intoxicación de talio. De ellos habían muerto diez personas. Ahora bien, ¿Caroline Grills era la única culpable? Una vez detenida se registraron nueve casos de intoxicación por talio.

La policía pudo acusar a Caroline Grills de cuatro asesinatos y un intento de asesinato. En enero de 1948 asesinó a Angelina Thomas, pariente de su esposo. A finales de 1948 a John Lundberg, cuñado de su marido y, en 1949 a una amiga de su madrastra. También asesinó a Christina Louisa Adelaide Michelson y Mary Anne Mickelson. La hipótesis de la investigación consideraba que inició sus asesinatos en 1947, al matar a su madrastra. Sin embargo, no existía un caso circunstancial sólido para corroborar el asesinato y solo se la pudo juzgar por el intento de asesinato de Eveline Lundberg y su hija.

Durante el juicio, su comportamiento, marcado por estallidos de risa, reforzó la idea de que era una asesina malévola. El 15 de octubre de 1953 fue declarada culpable de intento de asesinato y condenada a muerte. Esta le fue conmutada por cadena perpetua. Al escuchar la sentencia exclamó: «Ayudé a vivir, no a matar». La encerraron en el reformatorio estatal de mujeres. La trasladaron de urgencia al Hospital Prince Henry, donde murió el 6 de octubre de 1960, como consecuencia de una peritonitis. Teniendo en cuenta lo sucedido, se prohibió la venta de talio en Australia.

Christa Lehmann nació en 1922. Su madre vivía en un hogar para ancianos y de salud en Alzey (Alemania). Entró a trabajar en una fábrica de artículos de cuero. En 1944 se casó con Karl Franz Lehmann, se dedicaba al negocio de los azulejos y al mercado negro. La reforma monetaria que sufrió Alemania hizo que la economía familiar se complicara. Esto provocó enfrentamientos con su marido y sus suegros. Durante la II Guerra Mundial tuvo relaciones con soldados estadounidenses.

El 27 de septiembre de 1952, después de media hora de convulsiones, falleció Karl Franz Lehmann. La autopsia concluyó que su muerte era por una úlcera péptica, como consecuencia de su alcoholismo y una enfermedad estomacal crónica. A partir de ese momento, Christa Lehmann empezó a mantener relaciones con diferentes hombres. Esto provocó que se peleara constantemente con su suegro Valentín Lehmann. El 14 de octubre de 1953 este cayó clínicamente muerto de su bicicleta durante un viaje a la ciudad. Consideraron que había sido una insuficiencia cardíaca.

Se hizo amiga de Annie Hamann, que vivía con su madre Eva Ruh, su hermano Walter y su hija de nueve años. Annie era viuda de guerra. Ambas empezaron a salir juntas y mantenían relaciones con hombres. La madre desaprobaba aquella actitud de su hija. El 14 de febrero de 1954 fue a visitar a Annie. Era domingo y les llevó unos bombones de chocolate rellenos de licor. Se los ofreció a los presentes, siendo la última la madre de Annie. Esta no tenía hambre y no lo aceptó. Al día siguiente Annie encontró el bombón. Le dio un mordisco y el resto se lo comió su perro. No tardaron mucho tiempo en morir los dos. Es en aquel momento cuando empezaron a sospechar de Christa Lehmann. El médico que no pudo hacer nada para salvarle la vida a Annie llamó a la policía y le comentó las sospechas que tenía sobre aquellas dos muertes.

Christa Lehmann fue arrestada e interrogada. Todas sus víctimas habían sido envenenadas con fitosanitario E605, cuyo efecto es parecido al cianuro de hidrógeno. Fue juzgada y condenada a cadena perpetua. Encerrada en la Prisión de Nevwied, intentó sacarse la vida varias veces. En 1977 fue puesta en libertad y vivió bajo una nueva identidad.

Dionny Damizu Sejas, en 2016, cuando tenía cuarenta y cuatro años, fue declarada culpable de ser la autora intelectual del asesinato de su expareja, Luis Delgado, siendo sentenciada a treinta años de cárcel. Ella planeó el homicidio y fue su hijo, Kevin Oliver Morcos Seijas, el autor material del asesinato. Como autora material fue condenada a veintidós años de cárcel. Consiguieron descubrir que ella lo había planeado todo, pues encontraron pertenencias de su expareja en su casa de Tacna, mientras que él vivía en Ilo.

Se cree que con anterioridad había asesinado a su expareja Armando Molina Berrios, en enero de 2014, y a su propia madre, el 29 de enero de 2016. También fue investigada por tentativa de parricidio en agravio de su padre Julio Hannower Seijas Ruiz junto a un sujeto apodado Marcos, en Pucallpa.

Al final se la condenó a veintiún años y diez meses de pena privativa de libertad y al pago de una reparación civil de veinte mil nuevos soles a favor de los herederos de los agraviados.

Dicen los expertos que no existe el crimen perfecto. Lo que existe son las investigaciones imperfectas. Y esto es lo que pasó con nuestra protagonista. Entre 1896 a 1908 mató a sus hijos, a sus dos maridos, a unos treinta obreros y a una decena de pretendientes. En total cuarenta y nueve asesinatos, aunque se sospecha que la cifra podría ascender a sesenta. El 28 de abril de 1908 se quemó la granja donde vivía y supuestamente murió. Decimos «supuestamente» porque, una vez analizado el cadáver, este no coincidía con la morfología de la granjera. Un estudio más profundo certificó que aquella mujer había fallecido por envenenamiento con estricnina. El cuerpo decapitado no era el de la Belle Gunnes, aunque certificaron su muerte. Una investigación imperfecta y la época ayudaron a que quedara impune y no se la buscara después del incendio.

En 1859 nacía en Noruega Brynhilde Paulsetter Størseth. Sus padres eran granjeros. Para ingresar más dinero, el padre era prestidigitador en un circo. Con él recorría todo el país. A temprana edad Belle Gunnes empezó a trabajar en el circo como malabarista. A los diecinueve años con el dinero ganado en el circo decidió viajar a los Estados Unidos. Pensaba que solo por llegar allí se convertiría en millonaria. Se equivocó. Estados Unidos a finales del siglo XIX era un país con muchas posibilidades, pero se tenía que trabajar. Esto a ella no le gustaba demasiado. Tuvo varios trabajos. Muchos de ellos se los consiguieron compatriotas. Conoció a Mads Sorenson, también noruego, y se casó con él. Al no quedarse embarazada, el matrimonio decidió adoptar tres hijos: Jenny, Myrtle y Lucy.

La vida de los Sorenson era modesta. No les faltaba de nada, pero ella aspiraba a más. Le pidió a su marido que firmara un seguro de vida. Poco después fallecía en extrañas circunstancias. Los médicos certificaron que murió de un ataque al corazón. La familia siempre sospechó que lo habían envenenado. Nunca se pudo averiguar. La viuda recibió 8500 dólares de la aseguradora. Para mantener a su familia abrió una serie de negocios. Poco tiempo después de haber firmado los seguros los establecimientos aparecieron quemados. De la pensión de huéspedes que curiosamente se quemó recibió una indemnización de 4500 dólares.

Tantos desastres seguidos provocaron que la gente sospechara de ella. Por eso decidió coger a sus tres hijos y marcharse. Llegaron a La Porte (Indiana). Era el año 1902. Compró una granja. Conoció a Peter Gunnes y se casó con él. Era una mujer hermosa. Medía 1,90 metros de altura y 135 kilos. Por eso los habitantes de La Porte empezaron a llamarla Belle Gunnes. Peter Gunnes era un granjero dedicado a la venta de carne. A los pocos meses se quedó embarazada. En ese momento le pidió a su marido que contratase un seguro de vida. Así lo hizo. A los pocos días lo encontraron con el cráneo destrozado al impactarle una máquina para hacer salchichas.

Su hija Jenny Sorenson sospechó que su madre había sido la culpable de aquella muerte. La niña tenía diez años. Nadie la creyó. Para callarla la hizo desaparecer. Sorenson dijo que la había enviado a Los Ángeles para que completara sus estudios. Cobró el seguro del marido y dio a luz una niña. Decidió aprovechar las circunstancias. Empezó a adelgazar y se compró una dentadura postiza de oro. La Belle Gunnes empezó a insertar anuncios en la prensa. Buscaba solteros o viudos para compartir la vida. A cambio ella les ofrecía su belleza. Eso sí, no se conformaba con cualquier hombre. Teniendo en cuenta su posición social, el pretendiente debía tener un mínimo de 5000 dólares en el banco.

Muchos aspirantes picaron en el anzuelo. A medida que iban llegando eran asesinados por Belle Gunnes. Poco a poco su cuenta bancaria aumentaba. Se empezó a sospechar de ella. ¿Por qué? Algunos de aquellos hombres comunicaban a sus familiares que iban a verla para casarse. Esa era la última referencia de ellos. Al ser preguntada respondía que se habían marchado. Que no habían llegado a un acuerdo. Sin embargo, el dinero desaparecía y de ellos ni rastro.

Se dio cuenta de que su negocio estaba a punto de fracasar. La policía estaba al acecho. Por eso decidió dar el golpe definitivo. El 28 de abril de 1908 incendió la granja. Cuando pudieron sofocar el incendio descubrieron, en el interior, los cadáveres calcinados de tres niños y el de un adulto sin cabeza.

Era el final perfecto. Muerta quedaría libre de toda sospecha. Sin embargo, no fue así. El cuerpo calcinado de la mujer no se correspondía al de Sorenson. Como hemos dicho medía 1,90 y pesaba 135 kilos. Aquel cuerpo no tenía esas dimensiones. Por eso la policía empezó a investigar aquel misterioso incendio. Interrogaron a Ray Lamphere, su amante. Este confesó el macabro plan orquestado por Belle Gunnes. Al verse acorralada por la policía decidió matar a sus tres hijos y a una camarera que, físicamente, se parecía a ella:

> Yo la ayudé a matar a todas esas personas. El último día apliqué cloroformo a sus hijos como ella me dijo y juntos colocamos en el interior de la casa el cadáver de la camarera. Después se vistió de hombre y escapó tras haber pegado fuego a la casa con sus hijos dentro.

Ray afirmó que era el único hombre al que había querido de verdad, pues nunca le obligó a firmar un seguro de vida. Los investigadores decidieron rastrear, palmo a palmo, toda la granja. Descubrieron un espeluznante cementerio. Hallaron el cadáver de Jenny Sorenson. Aparecieron otros catorce cadáveres y una enorme cantidad de brazos y piernas compilados en una fosa común. La reconstrucción forense llegó a la conclusión de que al menos habían enterrados en la granja cuarenta y dos cadáveres. Ray Lamphere fue juzgado y condenado a veintiún años de cárcel. Al año siguiente, 1909, fallecía en la cárcel como consecuencia de la tuberculosis.

¿Qué fue de Belle Gunnes? No se sabe. No se supo nunca más de ella. En 1932 se acusó a Esther Carlson de asesinar a su esposo. Murió como el primer marido de Sorenson. La arrestaron. Como la policía creía que era Belle Gunnes, la acusaron de haber asesinado a sus hijos, maridos y pretendientes. En total fue acusada de veinte asesinatos. Fue condenada a cadena perpetua. Nadie puede asegurar con certeza que Esther Carlson fuer Brynhilde Paulsetter Sorenson. El misterio sobre ella aún sigue sin resolverse.

Análisis psicológico

Intentar establecer el perfil psicológico de un grupo de mujeres por el método que escogieron para matar no parece tarea fácil. La mujer mata con veneno, siempre se ha dicho. ¿Esto es cierto? El Consejo Superior del Poder Judicial publicaba en diciembre de 2019 un informe en el cual revelaba que entre los años 2016 y 2018 un total de veintidós hombres fueron asesinados a manos de su pareja o expareja mujer en España. Cuando un varón es asesinado por su pareja se tipifica el delito como «violencia domestica intima» (y no «violencia de género» que está reservado a la violencia ejercida del hombre hacia a la mujer): el arma que más frecuentemente usaron estas mujeres para acabar con la vida de sus parejas o exparejas fue el arma blanca. La mujer no siempre mata con veneno, y las estadísticas revelan que, históricamente hablando, la mayoría de envenenamientos criminales son llevados a cabo por hombres. Este mito se extendió, sobre todo, a lo largo del siglo XIX durante el cual este tipo de delitos suscitaron un tremendo interés. El desarrollo de la criminología y la toxicología durante esta época sumado a la atracción que este tipo de crímenes suscitaron en la prensa y público en general contribuyeron a forjar esta leyenda. La publicación de célebres crímenes cometidos por mujeres mediante el envenenamiento magnificó el efecto. Es probable que el mayor uso y conocimiento en plantas a nivel doméstico junto con la mayor accesibilidad a determinados venenos como el arsénico o el cianuro despejaran la ecuación.

En criminología y en crónica negra que «la mujer mata con veneno» hace referencia a que la violencia ejercida por las mujeres es más sutil y calculada. La menor fuerza física en relación al varón es sustituida por astucia y disimulo. Pero la elección del veneno como método para asesinar es privilegio de aquellas más pacientes y menos impulsivas. Por lo tanto, vemos que la característica que une a todas las mujeres que hemos visto en este capítulo es la capacidad de esperar pacientemente y disimular durante a veces largas semanas o meses hasta que la víctima sucumbe.

Veneno es cualquier sustancia química dañina que pueda producir una enfermedad o una lesión en un ser vivo y que pueda llegar a provocar incluso la muerte. Se debe distinguir entre el envenenamiento agudo o crónico. El envenenamiento agudo es la exposición a un veneno durante un corto período de tiempo y los síntomas se van a desarrollar en estrecha relación temporal con esta exposición. En cambio, el envenenamiento crónico es una exposición repetida o continuada a un veneno a largo plazo en la que los síntomas no se presentan inmediatamente o después de cada exposición. La persona enferma gradualmente o se enferma después de un largo período. Por lo tanto, es este último el método elegido más frecuentemente por las protagonistas de este capítulo. La vía de entrada habitual en el organismo es mediante la ingesta. Por lo tanto, no son difíciles de camuflar en comidas y bebidas.

Es de recibo hacer mención especial a los dos principales venenos usados a lo largo de la historia. Estos son el arsénico y el cianuro. El arsénico es un elemento esencial para la vida y se puede encontrar en concentraciones bajas en alimentos como pescados, vegetales y cereales. Había sido muy extendido su uso como insecticida o herbicida. Actualmente ha caído prácticamente en desuso para estos fines, pero no era así durante el siglo XIX y parte del XX, por lo que era relativamente accesible. Cuando un organismo se ve expuesto a grandes dosis de arsénico se produce una intoxicación aguda, caracterizada por un cuadro gastrointestinal con fuertes dolores abdominales, vómitos, diarreas y deshidratación. También es común la pérdida de la sensibilidad cutánea. En cambio, cuando un ser vivo es envenenado lentamente con arsénico aparecerán síntomas como fatiga, gastroenteritis, disminución de las células de defensa, anemia, hipertensión y lesiones cutáneas. El cianuro es producido por ciertas bacterias, hongos y algas, y se encuentra en una gran cantidad de plantas. Su exposición a bajas dosis puede producir la muerte bajo dolorosos espasmos y convulsiones.

Estos dos venenos fueron más utilizados antaño, como hemos dicho, sobre todo durante los dos siglos pasados, a partir de los cuales, y probablemente gracias a la evolución y proliferación de los psicofármacos pasaron estos últimos a ser los más utilizados. Es el caso de Francisca Ballesteros que utilizó cianamida cálcica para asesinar a dos de sus hijos, y este mismo combinado con dos sedantes para asesinar a su marido Antonio. De como tuvo acceso Francisca a estos dos fármacos poco ha trascendido. Estos fármacos solamente se suministran bajo prescripción médica. Vemos que se cumple en ella, inicialmente, la norma de la envenenadora paciente. Envenenó a su hija de tan solo cinco meses en 1990 y tardó catorce años más en envenenar al resto de su familia. Se ha sugerido que tras el nacimiento de su hija pudo sufrir una depresión postparto, que es aquella que se inicia normalmente en las doce primeras semanas tras el parto y se puede prolongar hasta un año después. En su aparición pueden intervenir varios factores, entre ellos hormonales, pero también la falta de apoyo social, los problemas de pareja, los problemas financieros y el embarazo no deseado. Es posible que esta depresión la llevara a rechazar a su último bebe, Florinda, y este rechazo la llevara a asesinarla.

Obviamente no basta con tener una depresión para llegar a matar, la inmensa mayoría de personas deprimidas nunca han matado ni matarán a nadie, por lo que este rechazo se debió combinar con rasgos psicopáticos de personalidad. Tal vez la impunidad con la que salió de este primer crimen la envalentonó para cometer los siguientes.

¿Por qué catorce años después? Francisca había comenzado a chatear con varios hombres por internet en busca de una relación romántica. Incluso llegó a visitar a uno de ellos en Canarias, a quien aseguró que era viuda y no tenía cargas familiares, y este le propuso matrimonio. Entonces Francisca inició una espiral homicida en la que en pocos meses pretendió desprenderse del resto de su familia. ¿El motivo? Porque le molestaban para iniciar su nueva vida. Su marido Antonio y su hija Sandra agonizaron entre terribles dolores durante semanas. Ser responsable de esto, presenciarlo durante semanas y negarles la asistencia traduce una gran falta de empatía y frialdad propia del psicópata.

Francisca se ajustaría perfectamente al perfil de una viuda negra, aquella criminal que asesina a su cónyuge, pareja o familiares cercanos con distintas motivaciones, así como también lo haría Le Thanh Van. Esta asesinó a trece personas, entre ellas a su suegra, su cuñada, su madre adoptiva y varios de sus amantes. En esta ocasión el móvil sería el económico y se la puede considerar una auténtica asesina en serie que actuó durante tres años hasta que fue descubierta. Muestra una total falta de escrúpulos a la hora de asesinar a familiares y otras personas con las que primero establece una relación afectiva, que confían en ella y esta confianza será fatal. Existe cierta evidencia de que el método que utilizaba era el envenenamiento agudo, aquel que provoca la muerte de la víctima habitualmente siendo administrado una vez y en grandes cantidades, y que luego trataría de tapar sus huellas acompañando a algunas de las víctimas al hospital. Probablemente esta falta de mimo y paciencia, esta impulsividad unida a la avaricia la llevara a ser capturada finalmente. Por lo tanto, tenía rasgos psicopáticos, no le importaba hacer lo que fuese para conseguir sus objetivos y, tal vez, también histriónicos usando el atractivo físico y la seducción para captar la atención de sus víctimas.

Al igual que en el anterior caso, el móvil económico también parece estar detrás de los asesinatos cometidos por Carolines Grills, Christa Lehman y Dionny Damaizu Sejas.

Todas ellas se podrían incluir dentro de la tipología criminal de las viudas negras, según la clasificación desarrollada por el matrimonio Kelleher sobre las asesinas seriales. Serían mujeres que matan a personas cercanas. Esto es, parejas o amantes, aunque también otros allegados, motivadas principalmente por un interés económico, aunque también pueden matar por rechazo, celos o venganza. Cuando estos comportamientos criminales se observan en el varón, se los denomina «barbas azules». El hecho de que las viudas negras suelan asesinar con veneno conlleva una especial dificultad a la hora de probar sus crímenes, hecho que deriva en lo prolíficas que pueden llegar a ser.

Un ejemplo paradigmático en la historia de la criminología es el de la noruega Brynhilde Paulsetter, más conocida en la crónica como la Belle Gunnes. Aunque tradicionalmente se la ha clasificado como una viuda negra, vemos que sus crímenes exceden con mucho a su entorno más cercano. Belle Gunnes actuaba como una auténtica depredadora atrayendo víctimas a sus redes, para eliminarlas, a menudo con veneno, aunque no dudaba en usar sus propias manos si era preciso. Entre 1900 y 1908 asesinó a cuarenta y dos personas entre las que se encontraban esposos, amantes e hijos, pero también trabajadores de su granja. Su motivación, el beneficio secundario. Su perfil psicológico respondería al de una auténtica psicópata. Mostraba niveles bajos de ansiedad, frialdad, cálculo y falta de empatía.

De su historia temprana ya se deduce que era una mujer ambiciosa. Hoy en día sería poco probable que una mujer de estas características que ambiciona tener posesiones y riqueza decidiese adoptar a tres hijos con la responsabilidad que esto conlleva. Muy probablemente, por los cánones sociales impuestos en la época, una mujer integrada debía tener hijos y ella no podía. Se camufló en el disfraz de una mujer corriente y desde este tomó posiciones y empezó a actuar. Es dudoso que fuese casualidad que su primera víctima resultase ser su marido ya que en esa época el marido ostentaba el poder en la casa y ella quería ese poder.

Planeó pacientemente su asesinato, con antelación, muestra de ello es que previamente tuvo la paciencia y la calma de contratar un seguro a su nombre. Lo envenenó y el crimen pasó desapercibido, cobró una cuantiosa cantidad del seguro de vida, una cantidad que para la época le hubiese permitido desenvolverse holgadamente. Pero ¿que hace prolífica a una asesina? ¿El deseo o la impunidad? Tendemos a repetir a modo de patrón aquellas conductas que consideramos exitosas y para las que no encontramos trabas. Para la Belle Gunnes su primer crimen no tuvo consecuencias y esto desató, como un resorte, el deseo de conseguir más y más dinero. Fue algo compulsivo; si alguien sospechaba se movía o lo eliminaba.

Otro ejemplo de deseo sin freno, de codicia sin fin y de un freno que debía, pero no frenaba, la incapacidad de la justicia para detectarla, para detenerla. En nuestra opinión, este desapercibimiento, esta sutileza en una sociedad que no estaba preparada para una asesina en serie, unida a una sed infinita, fue lo que le otorga a la Belle Gunnes el infame primer puesto por delante de las otras protagonistas de este capítulo.

Guardianas nazis

Estando encarcelado Rudolf Hoess, comandante de Auschwitz, escribió en la Cárcel de Cracovia, en febrero de 1947, unas notas autobiográficas. En ellas se lee:

> El destino me ha librado de la muerte en cada ocasión para hacerme padecer ahora un final degradante. ¡Cuánto envidio a mis camaradas, caídos en el campo de batalla, como soldados!
>
> Era un engranaje inconsciente de la inmensa maquinaria de exterminación del III Reich. La máquina está rota, el motor ha desaparecido y yo debo hacer lo mismo. El mundo lo exige...
>
> Que el público siga, pues, creyéndome una bestia feroz, un sádico cruel, asesino de millones de seres humanos; las masas no pueden hacerse otra idea del antiguo comandante de Auschwitz. No llegaran a comprender jamás que yo también tenía corazón...

Ningún gesto de arrepentimiento hacia las víctimas. Al contrario, quiere sembrar la ternura hacia su figura, pues tenía corazón. La culpa no era suya. El gran ejecutor fue el III Reich. El solo era uno de los muchos peones que formaron parte de ese régimen. Si alguien tenía la culpa era el régimen, no ellos.

Engranajes de esa inmensa maquinaria de exterminio son las guardianas nazis de las que hablaremos a continuación.

La bella bestia, La cancerbera, El ángel de la muerte, La perra de Belsen. Así denominaron a Irma Ilse Ida Grese los prisioneros de los campos de concentración de Auschwitz-Birkenau, Bergen-Belsen y Ravensbrück, de donde fue supervisora. Grese nació en Wrechen el 7 de octubre de 1923. Ferviente defensora de los principios del nacionalismo, se enfrentó a su padre en favor de estos. Cuando su padre la echó de casa al llegar con el uniforme de la Bund Deutscher Mädel —Liga de la Juventud Femenina Alemana—, lo denunció y fue encarcelado.

El sadismo de Grese se puso de manifiesto en los campos de concentración donde fue superiora. Utilizaba pesadas botas, látigo y pistola contra las reclutas. Lanzaba perros contra sus víctimas para que fueran descuartizadas y devoradas. Disparaba a las internas, torturaba a los niños, abusaba sexualmente de las internas o con un látigo maltrataba a sus víctimas hasta causarles la muerte.

Se explica que un día de junio de 1944 fueron empujadas al lavabo 315 mujeres seleccionadas por Grese..., «ya las pobres desventuradas habían sido molidas a puntapiés y latigazos en el gran vestíbulo. Luego Irma Grese mandó a los guardianes de las SS que claveteasen la puerta. Así fue de sencillo». Acto seguido fueron asesinadas.

Otro testimonio relata que «nuestras contorsiones de dolor y la sangre que derramábamos la hacían sonreír. ¡Qué dentadura más impecable tenía! ¡Sus dientes parecían perlas!».

Detenida el 15 de abril de 1945, durante el juicio de Bergen-Belsen fue acusada de crímenes de guerra. Renegó de los asesinatos. Conocía perfectamente lo que les ocurría a los prisioneros. No porque ella participara, sino porque veía lo que les hacían y otras compañeras se lo explicaban. Nunca renegó del ideario nazi. Irma Grese fue condenada a morir en la horca.

Fue ejecutada en la Prisión de Hamelín (Alemania) el 13 de diciembre de 1945. Su cuerpo fue incinerado y las cenizas lanzadas a un río.

El más alto rango en el campo de Auschwitz estuvo en manos de Maria Mandel. Nacida en Münzkirchen el 10 de enero de 1912, se calculó que fue responsable de la muerte de 500.000 mujeres. Esta austríaca empezó su trabajo represor en el campo de Ravensbrück. Debido a su «buen hacer» la promovieron a *SS-Oberanfsehein* —supervisora senior—. En Ravensbrück permaneció hasta octubre de 1942. Ese mes la enviaron al campo de concentración de Auschwitz. Ahí fue nombrada *SS-Lagerfürerin* —jefa del campo—. Estaba al mismo nivel que el comandante Rudolf Hoess, del que hemos hablado al principio del capítulo.

Su crueldad llegaba a extremos inimaginables. Se colocaba frente a la puerta de entrada de Birkenau y esperaba horas —muchas veces— a que alguna prisionera se girara para ver quién estaba ahí. La que lo hacía era sacada y eliminada. Se encargaba de seleccionar quién iba o no a las cámaras de gas. Utilizaba prisioneros como mascotas y cuando se cansaba los eliminaba. También escogía a los niños que iban a ser ejecutados.

Las reclusas eran humilladas hasta la extenuación mediante todo tipo de flagelaciones en tandas de veinticinco, cincuenta, setenta y cinco y cien golpes cada una, hasta que caían exhaustas. Durante el castigo eran obligadas a contar en voz alta, aunque ninguna lograba llegar hasta el diez.

Los pijamas a rayas de las presas no eran incinerados junto con los cadáveres, sino que eran aprovechados para otras reclusas que acababan intoxicadas por los vapores del gas que desprendía la ropa.

Organizó la primera orquesta de mujeres para tocar ante la llegada de algún jefe del Reich y mientras seleccionaba a los prisioneros que irían a las cámaras de gas.

En noviembre de 1944 la llevaron a Müldorf, uno de los subcampos de Dachau. En abril de 1945, ante la inminente caída del III Reich, huyó por las montañas del sur de Baviera para llegar a su ciudad natal. Llegó a Münzkirchen hacia agosto de 1945. El 10 de agosto la detuvieron. En octubre de 1946 fue extraditada a Polonia y posteriormente a Cracovia. Durante los interrogatorios a los que fue sometida, quedó constancia no solo de su inteligencia, sino de su dedicación completa a los campos de concentración a los que la destinaron.

Durante el juicio afirmó que «yo no tenía ni látigo ni perro. Cumpliendo con el servicio en Auschwitz me vi obstaculizada por la terrible severidad de Hoess, dependía totalmente del comandante y yo no podía impartir ninguna pena». Esto no es del todo cierto. Mandel seguía aquel postulado de Himmel, por el cual «hasta el niño de cuna debe ser pisoteado como un sapo venenoso». En noviembre de 1947 fue juzgada por crímenes contra la humanidad. Fue sentenciada a muerte y ahorcada el 24 de enero de 1948. Tuvo la oportunidad de arrepentirse con una reclusa llamada Stanislawa Rachwalowa, encarcelada por comunista, a la que pidió perdón. La miró a los ojos, con los suyos llenos de lágrimas y le dijo: «Ich bitte um verzeihung» —Le ruego que me perdone—. Al producirse ese perdón, contestó en polaco: «Dziekuje» —gracias—.

Uno de los personajes más desapercibidos del III Reich fue Dorothea Binz, trabajadora del campo de Ravensbrück. Nacida el 16 de marzo de 1920, fue una de las peores *oberaufschein* —supervisoras— de todos los campos de concentración. Se presentó como voluntaria en la cocina del campo de concentración de Ravensbrück, muy cercano a su casa.

Se inició como guardiana y miembro del partido nazi el 26 de agosto de 1939. Las mujeres seleccionadas para ir a Ravensbrück estaban encargadas de cuidar y salvaguardar la seguridad de ese sitio. Binz dio rienda suelta a su naturaleza sádica. En Ravensbrück la gente moría por tuberculosis, tifus, disentería o neumonía. A parte 300 mujeres morían diariamente por hambre, frío, explotación o vejaciones.

Maria Mandel, cuando conoció sus procederes, la ascendió a subdirectora, en 1940. Ahí la bautizaron como La guardiana de la barbarie por su crueldad. Mandel y Binz torturaron y asesinaron, a la par, a cientos de reclusas por no ser de raza aria. Mandel y Binz educaron a Irma Grese.

La inhumanidad en Ravensbrück procedía de las mujeres, según testimonio de Barbara Reimann. Estas eran responsables de impartir una férrea disciplina y «la amenaza del bunker de castigo era casi una sentencia de muerte». Se acusó a Binz de asesinar a 100.000 personas, entre mujeres y niños. Un testimonio comentó que

> ...en una ocasión, la guardiana vio que había una presa que, extenuada, cayó al suelo. En ese momento, Binz se acercó, la abofeteó y cogió un hacha con la que rajó y descuartizó su cuerpo. Después se levantó y, al darse cuenta de que se había manchado sus botas negras de sangre, cortó un trozo del vestido de la fallecida para limpiarlas. Cuando terminó, se subió a su bicicleta y, como si nada hubiera pasado, volvió al campo de concentración.

Otro testimonio afirma que

> ...era la Navidad de 1944. Como había comunistas y católicos se celebraban dos fiestas en el campo de concentración. Ella acudió a una en la que varios niños iban a presenciar una obra de teatro. El problema es que, repentinamente, los pequeños comenzaron a llorar. Ella se dio cuenta de la situación y debió sentirse compungida, pues abandonó automáticamente la sala. Es como si se le hubiese ablandado el corazón. Quizás

sabía que la mayoría de ellos iban a morir posteriormente en las cámaras de gas, aunque es algo imposible
de corroborar.

Martha Wolkert afirmó que

...Binz me leyó la orden de arresto y mi castigo:
dos tandas de veinticinco latigazos. Después el comandante Suhren me ordenó subirme al potro. Me fijaron
los pies en una abrazadera de madera, y el de la placa
verde me ató. Me levantaron el vestido por encima de
la cabeza para mostrar mi parte posterior —pues tenía-
mos que quitarnos nuestra ropa interior antes de salir
de los barracones—. Luego me envolvieron la cabeza
en una manta, presumiblemente, para amortiguar los
chillidos.
Mientras me ataban, respiré hondo para que no me
pudiesen atar tan fuerte. Cuando Suhren se dio cuenta,
se arrodilló y apretó la correa tan fuerte que sentí un
dolor horrible. Me ordenaron contar cada latigazo en
voz alta, pero solo llegué a once... sentí mi trasero
como si estuviera hecho de cuero. Cuando salí fuera,
sentí en terrible mareo.

Fue juzgada del 5 de diciembre de 1946 al 3 de febrero de
1947 en Hamburgo. Se conoce como el juicio de Ravensbrück.
A ella y a los otros inculpados se los acusó de «cometer un crimen de guerra en cuanto que ellos, siendo miembros del personal del campo de concentración de Ravensbrück entre los
años 1939-1945, y en la violación de la ley y de los acuerdos de
guerra, cooperaron en el maltrato y asesinato de los internos
nacionales de los países aliados». El 3 de febrero de 1947 fue
condenada a morir en la horca por crímenes de guerra. La sentencia se cumplió el 2 de mayo de 1947.

La *oberaufseherin* Johanna Borman nació en Birkenfelde el 10 de septiembre de 1893. Confesó que no había ingresado a las SS por convicción, sino para ganar dinero. Estuvo en Lichtenburg, Ravensbrück y Auschwitz. Ahí fue conocida como *wiesel* o La mujer de los perros. De una crueldad excesiva con las prisioneras. De Auschwitz la trasladaron a Budy y a Hinderburg. Hay que puntualizar que nada tenía que ver con Martin Borman, el secretario privado de Hitler.

Sobre su manera de actuar leemos que «primero ella incitó al perro y este se tiró a las ropas de las mujeres, entonces ella que no estaba satisfecha con eso, hizo que el perro fuese a la garganta». Esto lo hacía con una serie de perros salvajes que domó y amaestró para que asesinaran. Otro testimonio afirmaba que «cuando no obedecían las órdenes o lo que les habían dicho que hicieran, entonces les golpeaba su cara o les daba un bofetón en sus orejas, pero nunca de una forma que les saltasen los dientes».

Su último destino fue Bergen-Belsen. Ahí fue detenida por las tropas británicas el 15 de abril de 1945. Fue juzgada en el proceso de Bergen-Belsen, que duró del 17 de septiembre al 17 de noviembre de 1945. La condenaron a morir en la hora. La ejecución tuvo lugar el 13 de diciembre de 1945. El verdugo, Albert Pierrepoint, escribió:

Johanna Borman, la mujer de los perros, quien habitualmente instigaba a los prisioneros con un pastor alemán para hacerles pedazos. Cojeó por el corredor luciendo muy aventajada y demacrada. Tenía solo cuarenta y dos años, midiendo solamente 1,52 metros y con cuarenta y cinco kilogramos —tenía el peso de un niño—. Estaba temblando, se colocó sobre la balanza y dijo «Ich habe meine getühle» —yo tengo mis sentimientos—.

Fue colgada a las 10:38, permaneciendo su cuerpo en el aire —sin ser descolgado— durante veinte minutos.

Conocida como La zorra de Buchenwald, nació en Dresde el 22 de septiembre de 1906. Margarete Ilse Köhler se casó con Karl Koch —comandante del campo de concentración de Buchenwald— y por eso se la conoce como Ilse Koch. Le gustaba pasear por el campo propinando latigazos a todo aquel que se le antojaba, usando una fusta con cuchillas de afeitar en sus cintas para multiplicar el daño y el sufrimiento de la víctima.

Poseía una nave de recreo, donde mantenía relaciones sexuales con oficiales de la Buchenwald y sus esposas. Se bañaba con vino de Madeira. Instruía a las mujeres de Buchenwald en actos de violencia y confeccionar objetos con tejidos humanos.

Cuando las tropas soviéticas se aproximaron al campo de concentración, consiguió huir a la Alemania Occidental. En 1947 fue detenida y juzgada en el proceso de Dachau. Fue condenada a cadena perpetua y, posteriormente se le redujo la condena a cuatro años de prisión. En 1951 el general estadounidense Lucius D. Clay le concedió la libertad al no haber suficientes pruebas contra ella. La volvieron a detener, ese mismo año y fue juzgada. Uno de los testigos de ese nuevo juicio declaró que «tatuajes adornan las bragas de Ilse. Yo los había visto en el trasero de un gitano en mi barracón». Se la acusó de haber asesinado a más de 5000 personas y fabricar objetos con la piel de los presos. El veredicto la condeno por «un cargo de incitación al asesinato, un cargo de incitación a la tentativa de asesinato, cinco cargos de incitación al maltrato físico severo de los presos, y dos de maltrato físico. Ilse Koch, condenada a cadena perpetua con trabajos forzados en la Prisión de Mujeres de Aichach». Después de escribir: «Es gibt keinen anderen Ausweg für mich, der Tod ist die einzige Befreiung» —no hay otra salida para mí, la muerte es la única liberación—, el 2 de septiembre de 1967 ató varias sábanas, las sujetó de la lampara que colgaba encima de su cama y se ahorcó en la Prisión Frauenhaftanstalt Aichach.

El arquetipo de la mujer SS se llamaba Alice Orlowski, nacida en Berlín el 30 de septiembre de 1903. Empezó en Ravensbrück como guardiana en 1941. La instruyó Maria Mandel. Cuando estuvo instruida la trasladaron al campo de Majdenck en Lublin (Polonia). Le tenían pánico. Se encargaba de cargar los camiones que se dirigían a las cámaras de gas con las mujeres más débiles. Con un grupo de cien mujeres a su cargo se encargaba de robar todo tipo de objetos y enseres. Esto es, relojes, abrigos, joyas, oro, dinero, juguetes...

En enero de 1945 tuvo lugar la *todesmärsche* —marcha de la muerte— de Auschwitz a Loslau. En ella había 178 mujeres y dos niños. Solo eran 63 kilómetros. La temperatura era inferior a los -20 ºC. Murieron entre 9000 y 15.000 personas. Los que sobrevivieron fueron llevados desde esa ciudad en trenes de mercancías a otros campos en Alemania. Durante esa marcha Alice Orlowski cambió. Se volvió humana. Les dio consuelo a los prisioneros, dándoles comodidad a los internos. Llegó a dormir a su lado sobre el suelo en el exterior. Quizás este cambio se debió a que sabía que no tardaría en finalizar la guerra y deseaba que se la recordara así, para rebajar una posible condena de ser juzgada. De Auschwitz regresó a Ravensbrück.

Durante el juicio que se celebró en Cracovia, entre el 24 de noviembre al 22 de diciembre de 1947, fue condenada a quince años de prisión por su participación en el maltrato, abuso y asesinato de prisioneros. Quedó en libertad en 1957. Al salir de la cárcel la declararon en búsqueda y captura. La detuvieron las autoridades alemanas para ser juzgada de nuevo por los crímenes perpetrados en el campo de Majdanek. En 1976 se puso en marcha el tercer juicio de Majdanek. Durante el mismo, el 21 de mayo de 1976, fallecía en Düsseldorf Alice Orlowski.

ANÁLISIS PSICOLÓGICO

Es imposible desarrollar el perfil de todas estas mujeres sin contextualizar brevemente el clima social y psicológico que se vivió en Alemania los años previos al estallido de la II Guerra Mundial. Tras el acceso al poder del Partido Nacionalsocialista Obrero Alemán en 1933 gobernado por Adolf Hitler se instauró una forma de poder que rechazaba la democracia y el sistema parlamentario. Los nazis accedieron al poder gracias al triunfo de su partido en las urnas, pero en 1934 impusieron una dictadura, tras la conocida como La noche de los cuchillos largos —Nacht der langen Messer— u Operación Colibrí, donde se cometieron una serie de asesinatos políticos para apoderarse de todas las estructuras del Estado alemán. La mayoría de las víctimas eran miembros de la organización paramilitar nazi SA —Sturmabtellung— y su líder Ernst Röhn. Esta dictadura era totalmente contraria al capitalismo y al comunismo y promulgaba ideas extremas como la eugenesia y la pureza de la raza alemana como argumento para practicar un fulgurante antisemitismo, el odio hacia los judíos a quienes consideraban los principales responsables de la caída en desgracia de la nación alemana.

Además, los nazis predicaban a favor de la expulsión o exterminación de otros colectivos sociales minoritarios como los gitanos, los enfermos mentales, los discapacitados o el colectivo homosexual. Para hacer calar su ideología entre la población, los nazis se valieron de una fuerte maquinaria propagandística que utilizaron con eficacia para obtener el apoyo de millones de alemanes durante la democracia y posteriormente durante la dictadura con el fin de facilitar la persecución la guerra y el genocidio.

El Partido Nacionalsocialista Obrero Alemán influyó en la opinión pública valiéndose de la televisión, el cine y la radio en un incesante bombardeo de mensajes que penetraban en todos los ámbitos de la cultura. A partir de la década de 1920, el partido nazi eligió la juventud alemana como público especial para sus mensajes de propaganda. Así se crearon las Juventudes Hitlerianas, una división del partido, que fueron establecidas para crear un sistema de adiestramiento dirigido a los más jóvenes con el fin de proporcionarles un entrenamiento militar y desarrollar su entendimiento y la evidencia de la ideología nazi. Estos jóvenes fueron aleccionados con unas potentes ideas nacionalistas y racistas llegando al extremo de deshumanizar y demonizar a lo que ellos denominaban enemigos de la patria. Cuando las Juventudes Hitlerianas —Hitlerjugend— se fundaron en Múnich en 1923 tenían alrededor de 1000 miembros, en 1933 eran más de 2.300.000 jóvenes los que engrosaban sus filas. Cuando estalló la II Guerra Mundial en 1939, muchos de estos jóvenes, que ya llevaban años siendo adiestrados en la ideología antisemita y aria, habían desarrollado un recalcitrante odio hacia los judíos y las minorías étnicas y sociales.

Al crearse los primeros campos de concentración durante la guerra, donde fueron desplazados los llamados enemigos de la patria, muchos de estos jóvenes fueron puestos a trabajar en estos campos como vigilantes de los prisioneros o comandantes de los mismos. Su finalidad era esclavizar a los prisioneros utilizarlos como mano de obra para el Tercer Reich y exterminarlos cuando ya no les eran de utilidad.

Es muy probable que muchas de nuestras protagonistas se instruyeran y adoctrinaran en esta atmósfera de odio y de barbarie, cosa que podría arrojar cierta luz sobre su desalmada conducta. Pero ¿es la ideología política suficiente razón para cometer actos de semejante crueldad? ¿Tiene suficiente peso una orden de una instancia superior para torturar tan sádicamente a cientos de personas?

Se ha demostrado por estudios científicos que las personas comunes, muchas de las cuales no presentan rasgos desadaptativos de personalidad, muestran una importante tendencia a obedecer a lo que consideran una autoridad. Standley Milgram, profesor de Psicología en la Universidad de Yale, reflexionaba en un artículo de 2005 sobre un famoso estudio llevado a cabo por él mismo y publicado en 1980 en el que hablaba de los peligros de la obediencia. En este experimento se seleccionaron alumnos de la universidad y se les explicó que se estaba llevando a cabo un estudio sobre la memoria.

El objeto del estudio era una persona, en realidad era un actor, que se sometería a unas pruebas de memoria y se les dijo a estos estudiantes que actuaran como profesores para observar cómo se modificaban los procesos de la memoria dependiendo del peligro de sufrir un daño. De esta manera, su supuesto sujeto de estudio debía aprender una serie de listas de palabras y si cometía un error, el profesor debía aplicar descargas eléctricas crecientes mediante electrodos colocados en el cuerpo del sujeto. Estas descargas, obviamente, no eran reales, el actor fingía una creciente molestia a medida que se aplicaba más voltaje, hasta llegar a un supuesto sufrimiento extremo. En la primera parte de este estudio existía un instructor que ordenaba al profesor aplicar descargas cada vez más elevadas.

En el 65% de las ocasiones el profesor administró descargas crecientes al sujeto de estudio, a pesar de sus propias reticencias, solo porque el instructor lo impelía a ello. En cambio, cuando la decisión de aplicar estas descargas recaía solamente en el profesor —es decir el alumno de Yale seleccionado para el experimento— solo el 10% de estos administraron descargas de alto voltaje. Este experimento se ha replicado varias veces y en distintos países para evitar el sesgo que supone utilizar estudiantes universitarios para el estudio obteniéndose los mismos resultados.

El hecho de que solo el 10% de personas administran descargas innecesariamente elevadas a pesar del sufrimiento del supuesto sujeto indica que estas personas probablemente tenían una tendencia a la violencia y estando en una situación de poder la usaron libremente. De esta manera, el sistema legal político y social de un individuo puede dar legitimidad a sus instintos agresivos si estos ya están presentes, cosa que pasó en innumerables ocasiones durante el holocausto. Por lo tanto, Milgram escribe que «no se necesita una persona mala para servir a un mal sistema. La gente común se integra fácilmente en sistemas malévolos».

En otro experimento llevado a cabo en 1971 por Zimbardo, conocido como el experimento de la Cárcel de Stanford se intentó estudiar el comportamiento de los sujetos del estudio acerca de la influencia que tendrían en un ambiente extremo, cómo sería la vida en una prisión y qué tipo de conducta llevarían a cabo cada uno de los sujetos dependiendo si eran guardias o presos. En este caso los participantes fueron reclutados por medio de anuncios en los diarios con una oferta de pago de quince dólares, lo que equivaldría a unos noventa dólares diarios en la actualidad. Todos eran estudiantes universitarios. A la selección se presentaron sesenta candidatos de los cuales fueron seleccionados veinticuatro por considerarse los más saludables y estables psicológicamente.

Este grupo de veinticuatro fue dividido aleatoriamente por la mitad y fue instruido para desarrollar un papel de guardia o de prisionero. Se instaló una cárcel ficticia en el sótano de la Universidad de Stanford a fin de recrear el ambiente de una real. A los guardias se les proporcionaron uniformes de color caqui de inspiración militar y porras. En cambio, los prisioneros solo iban ataviados con batas de muselina, sin ropa interior, y unas sandalias con tacones de goma a fin de que adoptaran posturas no familiares e incómodas. A los prisioneros no se les designaría por el nombre sino por números. Los guardias recibieron instrucciones explícitas acerca de la prohibición de ejercer violencia física, pero aparte de esto se les instó a dirigir la prisión de la manera que creyesen más conveniente. Se les dijo:

> Podéis producir en los prisioneros que sientan aburrimiento, miedo hasta cierto punto, podéis crear una noción de arbitrariedad y de que su vida está totalmente controlada por nosotros, por el sistema, vosotros, yo, y de que no tendrán privacidad... Vamos a despojarlos de su individualidad de varias formas. En general todo esto conduce a un sentimiento de impotencia. Es decir, en esta situación tendremos todo el poder y ellos no tendrán ninguno.

Pues bien, este experimento se descontroló rápidamente. Los prisioneros sufrieron un tratamiento sádico y humillante a manos de los guardias y al final del estudio muchos mostraban trastornos emocionales. Por decisión de los propios guardias se abandonó rápidamente la higiene y el trato amable. Los prisioneros solo podían ir al lavabo si se les otorgaba permiso, que frecuentemente era denegado, se les obligaba a limpiar los retretes con las manos desnudas, se retiraron los colchones de las celdas y se les forzó a dormir desnudos.

La comida también era frecuentemente negada. Un tercio de los guardias llevaba a cabo conductas sádicas especialmente por las noches cuando pensaban que las cámaras estaban apagadas. Este experimento se tuvo que interrumpir prematuramente debido a los problemas éticos que se estaban desarrollando. Así vemos que cuando se les otorga poder a personas corrientes una parte no despreciable de estas van a hacer un abuso de este poder e incluso ejercer conductas que rozan la tortura. Zimbardo añadía en sus conclusiones que el hecho de sentirse anónimo reduce el sentido de la responsabilidad y esto se ve potenciado cuando la figura de autoridad consiente los actos violentos.

La RAE define la tortura como aquel «grave dolor físico psicológico infligido a alguien, con métodos y utensilios diversos, con el fin de obtener de él una confesión, o como un método de castigo». EL psicopatólogo Jesús María Birrum apuntaba en 2003 que en un Estado donde se permite la tortura se difunden una serie de mensajes sin posibilidad de réplica y que mantienen las siguientes características:

—La sociedad se divide en buenos y malos, no hay neutrales.

—El conflicto es inexorable y no es posible evitarlo.

—El conflicto es esencial, está en juego un valor de supervivencia en el ámbito nacional, de la fe, ideológico...

—El valor defendido con la tortura representa la bondad superior y es un bien para la comunidad.

Pero ¿cómo llega una persona normal y corriente a convertirse en un torturador? Deshumanizando al enemigo mediante el adoctrinamiento y la propaganda. Mediante la habituación progresiva, la crueldad y la instrucción en la obediencia automática, con la promesa de impunidad y una oferta de poder, con la posibilidad de poder ascender en el sistema.

Ahora bien, teniendo en cuenta todo lo explicado anteriormente ¿qué características de personalidad debe tener la torturadora para llevar a cabo vilezas como las que hemos leído en este capítulo? En un reciente artículo publicado por la revista *Alternativas en Psicología* en 2021 el forense Rubén Lozano Gómez realiza un interesante trabajo de revisión acerca de las diferencias entre la maldad, el sadismo y la perversión. Define la maldad como aquel acto deliberado con la finalidad de causar dolor a otro ser vivo objeto y el mal como aquel daño físico o emocional material que sufre aquel a quién va dirigido la acción de la maldad.

Por lo tanto, para llevar a cabo la maldad, se requiere del libre albedrío. Como hemos visto anteriormente personas corrientes pueden llevar a cabo actos malvados en determinadas situaciones, lo normal es que la maldad sea ejercida por personas ordinarias, impelidas por una instancia superior. En cambio, las personas sádicas serían aquellas que cometen actos de maldad y disfrutan con ellos, con la sensación de control y dominancia. Según Dueñas, autor citado en este artículo, los sádicos obtienen satisfacción y placer personal en comportamientos que humillan y violan los derechos de terceros, son imprudentes, asumen riesgos y suelen ser irritables y hostiles.

Así pues, la diferencia entre el malvado y el sádico sería la satisfacción que obtiene este último en llevar a cabo estos actos. Pero normalmente un sádico se comporta de esta manera cuando le surge la oportunidad o cuando es animado por una figura de autoridad, ejerce una maldad inusual e innecesaria y disfruta con ello, aunque fuera de estas situaciones puede tener un comportamiento absolutamente normal. A diferencia de las dos personalidades anteriores, el perverso se diferencia en que para causar daño no precisa estar bajo la influencia de una autoridad o ideología. El perverso es perverso todo el tiempo. Busca continuamente nuevas formas de dañar y no requiere de circunstancias especiales para ello. No le importa transgredir constantemente leyes y normas morales.

Atendiendo a toda esta explicación, podemos ver en este conjunto de guardianas nazis algunas que exhibieron cierto atisbo de reparo humano y arrepentimiento al final de sus andanzas, de estas consideraríamos que cometieron actos de maldad y sadismo, diluyendo su responsabilidad en el hecho de que cumplían ordenes de un partido que llevaba años adiestrándolas. En cambio, hay algunas, que como hemos visto en el relato, no se arrepintieron en absoluto, se desprende un goce absoluto en sus acciones, un desprecio total por la vida humana, una utilización y cosificación de las personas, y una total falta de remordimiento. A estas sí las podemos llamar perversas y representan el mal en estado puro.

Enriqueta Martí, la Vampira de Barcelona

La protagonista de este capítulo presuntamente se lucró con el tráfico de niños. Actuó como proxeneta y no dudó en matar a aquellos que no le eran útiles. Preparaba ungüentos curativos para curar la tuberculosis y otras enfermedades. Se llevó con ella muchos nombres y secretos que podían haber conmocionado a la sociedad de su época. Falleció de una paliza, aunque la realidad es que un cáncer de útero acabó con su vida. Un ser siniestro que se escondía bajo la apariencia de ser una mujer bondadosa y respetable. Hemos dicho «presuntamente» porque en la historia de Enriqueta Martí Ripollés se entremezcla realidad y una leyenda para encubrir el comportamiento políticamente incorrecto de la sociedad barcelonesa de su época. ¿Realmente Enriqueta Martí fue el ser que hemos descrito? ¿Todo lo que leerán forma parte de una leyenda urbana? ¿Qué hay de realidad y de ficción? Lean el capítulo y lo descubrirán.

Poco después de las tres y media de la madrugada de ayer, falleció en la cárcel de mujeres la tristemente célebre secuestradora Enriqueta Martí Ripollés, quien había entrado en el periodo agónico media hora antes.

Desde el día anterior se hallaba privada del uso de la palabra.

En el momento en que ocurrió el fallecimiento, debido a la gravísima enfermedad que Enriqueta padecía y de la que ya tenían noticia nuestros lectores, se hallaban presentes una de las dos reclusas enfermas que por propia y espontánea iniciativa la asistían, y la religiosa de guardia, sor Fausta.

El director de la cárcel de mujeres ofició la noticia al presidente de las Audiencias territorial y provincial de Barcelona y al director general de Penales.

A petición de las demás reclusas, se permitió a estas visitar el cadáver a las cuatro de la tarde de ayer. La difunta Enriqueta había sido trasladada, a las once de la mañana, al depósito de cadáveres del establecimiento.

Certificó la muerte el director médico del mismo, doctor Alfonso Pla.

A las seis de la tarde, y en el coche de la beneficencia, fue trasladado el cadáver al cementerio del S. O., donde hoy recibirá cristiana sepultura en la fosa común.

Enriqueta se lleva a la tumba el secreto de sus culpas, que quizás conozca únicamente el Rdo. Adalberto, con quien confesó hace unos dos meses.

Dios haya perdonado a Enriqueta Martí.

Con esta nota, publicada el 13 de mayo de 1913, el periódico *La Vanguardia* ponía punto final a un caso que mantuvo en vilo a la sociedad barcelonesa de principios del siglo XX. Enriqueta Martí Ripollés ya era historia. Quizás se llevó a la tumba algún secreto. Ahora bien, los crímenes que cometió forman parte de la historia negra de España.

Nació en Sant Feliu de Llobregat en 1868. A temprana edad se trasladó a Barcelona. Allí empezó a trabajar como niñera. Un trabajo muy común en aquella época. Cientos de jóvenes vinieron de los pueblos a servir en las casas acomodadas de la ciudad. Parece ser que el suelo y las perspectivas de futuro no eran demasiado prometedores. Por eso empezó a ejercer la prostitución. Mientras ejercía este oficio conoció a Joan Pujaló.

Era un pintor incomprendido y fracasado. Se ganaba la vida pintando retratos. Se casaron en 1902. El matrimonio duró diez años, aunque se separaron seis veces. Pujaló declaró que el matrimonio fracasó por la afición de su mujer por los hombres, su carácter extraño, falso, impredecible y sus continuas visitas a las casas de mala vida. En definitiva, Enriqueta Martí se casó para aparentar, sin estar enamorada de su marido y pensando que podía continuar con su actividad profesional.

Ese carácter extraño la llevó a tener una doble vida. La Enriqueta de día en nada se parecía a la de noche. Durante el día mendigaba por diferentes instituciones benéficas de la ciudad. Se vestía con harapos e, incluso, reclutaba niños y niñas para dar más pena. Ella y sus falsos hijos pasaban hambre. Ningún centro les negaba asistencia. Por la noche todo era diferente. Se vestía con sus mejores galas y se paseaba por el Liceo o por el Casino de la Rabassada. Se dejaba ver por los sitios donde la burguesía y gente acomodada se reunía. Enriqueta Martí tenía fama de proxeneta y en estos lugares ofrecía el servicio de los niños a su cargo.

Pues bien, esa fama provocó que en 1909 fuera detenida. Por aquel entonces vivía en la calle Minerva de Barcelona. Se la acusó de ser *madame* de un burdel donde ofrecía a sus clientes sexo con jóvenes de tres a catorce años. No fue juzgada ni condenada. ¿Por qué? Enriqueta Martí se movía dentro de la alta sociedad barcelonesa. Muchos de ellos eran sus clientes. De llevarla a juicio hubieran salido nombres. Eso a nadie le interesaba. Eran unos pervertidos en la intimidad, pero socialmente tenían un nombre intachable. No podían permitir que sus nombres fueran mancillados. Por eso presionaron y sobornaron a la justicia. Enriqueta Martí salió en libertad, sin cargos, y se olvidó el tema.

No solo ejercía de prostituta y proxeneta. Enriqueta Martí empezó a ser curandera. Su marido, para no pasar hambre, era curandero, herborista y vegetariano. Sea como fuere las prácticas curanderas de Enriqueta Martí nada tenían que ver con las de su marido. Sus pócimas contenían restos humanos. Ella misma mataba desde niños de pecho hasta los nueve años. De ellos lo aprovechaba todo: las grasas, la sangre, los cabellos, los huesos y el tuétano. Sus pócimas se hicieron famosas porque, según ella, curaban la tuberculosis. Las distribuía en forma de ungüentos, pomadas, filtros, cataplasmas y pociones. Todo aquello que la medicina normal no podía curar lo hacía ella. Solo la sociedad adinerada barcelonesa podía acceder a las pócimas de Enriqueta Martí. ¿Qué cara les debió quedar a sus clientes cuando conocieron la verdad?

Enriqueta Martí se llevó a la tumba el número de niños que asesinó. En el momento de su detención se localizaron doce restos de cadáveres. En aquel momento vivía en la calle Poniente —hoy Joaquín Costa— número 29, entresuelo, primera. También, como veremos, se localizaron restos en otros inmuebles. Con toda seguridad el número de víctimas fue mayor. La demanda de sus pócimas era alta y tuvo que asesinar a muchas criaturas.

Un error fue el motivo de su detención. El 10 de febrero de 1912 secuestró a Teresita Guitart Congost en la calle San Vicente. Parece ser que era de noche. Ana Congost iba con su hija cogida de la mano. Al llegar a la puerta de su casa se puso a hablar con una vecina. Soltó la mano de Teresita. La niña desapareció. Ana Congost supuso que la niña había subido al piso. Después de hablar con la vecina subió. Al entrar en casa el marido, Juan Guitart, le preguntó por la niña. ¿No está contigo?, le preguntó. Ante la negativa del marido bajó corriendo las escaleras. Corrió y gritó el nombre de su hija. Esta no respondió. Había desaparecido.

Según se supo luego Teresita Guitart en vez de subir a casa se alejó. Sintió como la mano de una mujer le cogía la mano: «Ven, bonita, ven, que tengo dulces para ti». Teresita, al ver que se alejaban demasiado de su madre se soltó y empezó a correr. Enriqueta Martí desplegó un trapo negro. Cubrió a la niña para que nadie la viera, la cogió en brazos y desapareció en la oscuridad de la noche.

La sociedad barcelonesa estaba indignada. Desde hacía demasiado tiempo se denunciaban desapariciones de niños. El temor era extremo. Los padres les explicaban a los niños que no debían alejarse de su lado, porque alguien se los podía llevar. ¿Qué hizo la autoridad? Desmentir los secuestros. El gobernador civil de Barcelona, Manuel Portella Valladares, llegó a afirmar que «es completamente falso el rumor que se está extendiendo por Barcelona acerca de la desaparición durante los últimos meses de niños y niñas de corta edad que según las habladurías populacheras habían sido secuestrados». El gobernador civil intentó calmar los ánimos de la gente. La realidad es que las desapariciones no eran «habladurías populacheras».

Durante dos semanas la prensa barcelonesa estuvo hablando de Teresita Guitart. La policía buscaba pistas sin éxito. El asunto fue tema de conversación durante muchos días. Se pedían responsabilidades y los padres solo deseaban encontrar a su hija sana y salva.

No fue la policía quien la localizó, sino Claudina Elías. Podemos definirla como una vecina fisgona. Y gracias a esto se supo el paradero de Teresita. El 17 de febrero de 1912, mientras fisgoneaba, observó a una niña con el cabello rapado que miraba por una ventana del patio interior de la escalera. La expresión de la niña era implorante. Le dio mucha pena. Siguió fisgoneando y vio que jugaba con otra niña. Era la primera vez que la veía. Sin pensárselo dos veces le pegunté a su vecina del entresuelo primera si la niña era suya. Esta, sin mediar palabra, cerró la ventana. Aquel hecho sorprendió a Claudina Elías. Pensó que aquella niña podía ser Teresita Guitart.

En la misma calle Poniente había un colchonero que tenía cierta amistad con Claudina Elías. Preocupada por lo que había sucedido se lo contó. Y fue más allá. Le aseguró que la niña era Teresita Guitart. Es muy probable que la vida misteriosa de Enriqueta Martí fuera el detonante para que la vecina fuera tan contundente. El colchonero, ante la afirmación de la vecina, decidió contárselo a José Asens. Este era agente municipal. El agente municipal, asombrado, decidió contárselo a su jefe, el brigada Ribot.

Investigaron el asunto. Pasaron aún diez días hasta que se produjo el desenlace. El 27 de febrero de 1912, con la excusa de una denuncia por tendencia de gallinas en el piso, el brigada Ribot y dos gentes llamaron a la puerta de Enriqueta Martí. Esta les abrió la puerta:

—Buenos días, señora. Soy el brigada Ribot. Vengo a inspeccionar su domicilio. Hemos tenido una denuncia de que usted tiene gallinas.

—¡Gallinas! ¡Semejante tontería! No es cierto.

—Me permite pasar.

Enriqueta Martí lo dejó pasar sin oponer resistencia. Era astuta y no deseaba que los policías sospecharan nada. El brigada Ribot y sus acompañantes entraron en el piso. Las dos niñas, jugando, salieron de una habitación. Enriqueta Martí intentó detener a la policía. Tenía miedo de que la niña, al ver a aquellos extraños, dijera alguna cosa. El brigada Ribot, dirigiéndose a la niña con el pelo rapado, le preguntó:

—¿Cómo te llamas, pequeña?

—Felicidad.

El brigada Ribot no se sorprendió ante la contestación de la niña. Era lógico, bajo la presión en la que vivía, que mintiera:

—Creía que te llamabas Teresita.

La niña balbuceó.

—Aquí me llaman Felicidad.

Acto seguido el brigada Ribot le preguntó a Enriqueta:

—¿Quién es esta niña?

—No lo sé, respondió Enriqueta. Ayer me la encontré en la ronda San Pablo. Me dijo que estaba perdida. Tenía hambre, por eso la traje a casa. La otra es mi hija y se llama Angelita.

Los agentes buscaron al niño que, según Claudina Elías, había visto jugando con las niñas. No apareció.

Se la llevaron a la Jefatura de Policía de la calle Sepúlveda. El responsable era José Millán Astray. En un primer momento dijo que se llamaba Enriqueta Marinas Ripollés. Al rato descubrieron su verdadera identidad. Era Enriqueta Martí y en 1909 había sido detenida por proxeneta. Teresita Guitart fue devuelta a sus padres. El periódico *La Vanguardia*, del 28 de febrero de 1912, relataba así la noticia:

> Las diligencias que activamente venían practicándose para averiguar el paradero de la niña Teresita Guitart desaparecida del lado de sus padres hace cerca de un mes, tuvieron ayer un éxito completo, gracias al celo y la actividad desplegados por la guardia municipal, que con la jornada de ayer se cubrió de gloria, y a la cual la opinión barcelonesa tributaba con justicia un entusiasta aplauso. A ella, y solo a ella, corresponde la gloria del descubrimiento. Su labor ha sido callada, silenciosa, seria, y por lo mismo eficaz. Mientras se hablaba de pistas seguidas por la policía oficial y de gestiones y diligencias de los detectives particulares, nadie se acordaba de la guardia municipal, acaso porque ella no hablaba de sí misma, ni de sus trabajos, con lo cual ha prestado a la justicia un servicio que no hubiera conseguido realizar si hubiese dado a la publicidad sus gestiones en pos del esclarecimiento del suceso y del castigo de sus autores.
>
> El señor Ribot estableció estrecha vigilancia cerca de la casa en cuestión, sin advertir de ello a los vecinos de las demás habitaciones próximas, a fin de que no llegara la noticia a oídos del matrimonio inquilino del piso antes citado. Anteanoche la guardia municipal vigiló la parte posterior de la casa, y a la una de la madrugada pudo el señor Ribot ver a través de la puerta de uno de los balcones, que se abrió un momento, que en el interior del piso se hallaban una mujer y dos niñas. Resultaba extraño

que a tales horas estuvieran allí, sentadas, la mujer y las niñas, pero como nada se sacaba con deducciones, que era lo único que en aquel momento podía hacerse, el señor Ribot pensó en algo más práctico, que era prepara el registro del piso, para lo cual celebró a primera hora de la mañana una conferencia con el señor Mendiola.

La mujer incurrió en algunas contradicciones, y el señor Ribot, no seguro de que la niña fuese la desaparecida, pues le habían cortado a rape el cabello, dispuso que fuese reconocida por Ana Congost, la presunta madre.

Fue un guardia a buscarla y no la encontró, y en vistas de ello fue invitada otra mujer que vive en la misma casa de la calle de San Vicente, Carmen Alsina, para que fuera a reconocer la niña a la casa de la calle de Poniente.

Se hizo así, y la diligencia dio el resultado que se deseaba. Carmen Alsina que, como lo demás vecinos de la barriada han seguido con gran interés el proceso de la desaparición, no pudo contener su alegría al ver a la niña y exclamó tendiéndole los brazos:

— ¡Teresina, Teresina…!

Confirmado así que la niña aquella era la que se buscaba, el señor Ribot ordenó que la mujer, su hija y Teresita fueran al cuartelillo de la calle Sepúlveda, con el fin de redactar el parte oficial del servicio realizado.

El público comentaba el suceso con gran exaltación y en determinado momento intentó asaltar el cuartelillo para linchar a la secuestradora.

Al cuartelillo acudieron inmediatamente en automóvil, el alcalde, señor Sostres, acompañado de algunos concejales, del secretario del Ayuntamiento, señor Gómez del Castillo, y el jefe de la guardia municipal, señor Mendiola. El público les aplaudió a su llegada.

A la una y media de la tarde llegó al cuartelillo el padre de Teresita, Juan Guitart, el cual regresaba del Bruch, donde estuvo realizando diligencias toda la mañana para dar con el paradero de su hijita.

El señor Sostres le condujo donde Teresita estaba comiendo. Al verla el padre quedó contemplándola, como si no creyera que la veía, y solo acertó a decir: ¡Teresineta, *la meva* Teresineta!

La niña le echó los bracitos al cuello exclamando: ¡Papa, papa!...

Al llegar la detenida al Palacio de Justicia fue encerrada en el departamento del alguacil de guardia, en compañía de la niña de que decía ser madre.

Esta niña dice que su padre se llama Juan. Al preguntársele si tenía apellido contestaba siempre negativamente, hasta que Enriqueta le dijo que podía decir la verdad.

A las cinco, después de haber conferenciado con el fiscal de la Audiencia, el digno juez del distrito del Hospital señor Maceira, auxiliado con el activo oficial criminalista don Enrique Martí, dio principio a la práctica de las diligencias sumariales, recibiendo declaración a los guardias municipales que habían intervenido en el hallazgo.

En el juzgado se presentó también el marido de Enriqueta Marina. Se llama Juan Pujaló y es pintor de oficio. Se halla separado de su mujer desde hace unos seis años, habiéndolo ya estado anteriormente otras cuatro veces.

Parece que Pujaló ha hecho las siguientes manifestaciones:

«Vivo separado de mi mujer y no he querido nunca saber nada de ella, pues soy un hombre honrado y no me gusta su extraño comportamiento. Hace dos meses me fui a vivir a la calle Poniente, número 49, sin saber que ella vivía en la misma calle. Esto lo supe hace unos días. Esta tarde me dirigí a mi domicilio, cuando me llamó la atención ver gente parada frente de la puerta donde Enriqueta habita, y pregunté lo que ocurría. Al enterarme de lo que se trataba, y como yo no tengo nada que ver con lo que ella haya podido hacer, me presenté espontáneamente en la delegación de policía y después en el juzgado. Mi mujer es natural de Sant Feliu de Llobregat, donde su padre tiene todavía dos casas, pero estas están cerradas por mala administración. En San Feliu se conoce la casa de mi suegro con el sobrenombre de Lindo. Me han dicho que mi mujer lleva en su compañía una niña que dice que es hija mía. Tal afirmación es incierta, pues yo nunca he tenido ninguna hija con ella. Hace algunos años me quiso hacer creer que había tenido una hija de la que yo era su padre; pero yo no he visto esa niña, pues me dijo que había muerto poco después. No sé siquiera si nació, es más, creo que no. No me explico la finalidad que mi mujer persigue con tener en su compañía esas niñas. De una mujer como ella, todo se puede pensar».

Tanto el brigada señor Ribot como el guardia Asens se han apresurado a comunicar a la Alcaldía que las quinientas pesetas que el señor Pons y Tusquets había ofrecido a quien averiguase el paradero de la niña desaparecida, las ceden a favor de esta. Serán destinadas a abrir a Teresita Guitart una libreta en la Caja de Ahorros.

De momento Enriqueta Martí estaba detenida solo por el secuestro de Teresita Guitart. Nada más se sabía sobre ella, a excepción de lo sucedido en 1909. La justicia tenía dos preguntas sin resolver: ¿Quién era Angelita? ¿Dónde estaba el niño?

La declaración de las dos niñas sorprendió a la policía. Teresita Guitart comentó que solo llegar a la casa le cortó el cabello y le empezó a llamar Felicidad. Le aseguró que no tenía padres y que ella era su madrastra. Así la tenía que llamar a partir de ese momento. La alimentaba con patatas y pan duro. Nunca le puso la mano encima, pero si la pellizcaba. Tenía prohibido salir a la ventana o a los balcones. Un día que las dejó solas entró en una de las habitaciones prohibidas. Vio un saco con ropa de niña llena de sangre y un cuchillo ensangrentado.

Si espeluznante fue la declaración de Teresita, no lo fue menos la de Angelita. Declaró que antes de la llegada de Felicidad había un niño, llamado Pepito, de cinco años. Vio como su madre lo había matado en la mesa de la cocina. Corrió a esconderse en su cama hasta que se quedó dormida. La niña no sabía quién era. Enriqueta Martí al final contó la verdad. Angelita era hija de María Pujaló, su cuñada. La asistió en el parto y le aseguró que la niña había muerto.

Aún no era Enriqueta Martí conocida como la Vampiresa de la calle Poniente, pero no tardarían mucho en bautizarla así. La policía inspeccionó minuciosamente el piso. Encontraron el saco y el cuchillo. En otro saco había ropa sucia. Al levantarse se dieron cuenta que pesaba demasiado. Al inspeccionarlo descubrieron huesos humanos. Había al menos una treintena. Pertenecían, por sus dimensiones, a niños. Lo que más les impresionó fue un salón. Estaba suntuosamente amueblado. En uno de los armarios de este salón descubrieron bonitos vestidos de niños y niñas. El salón contrastaba con el resto del piso. Si las otras habitaciones eran lúgubres, sucias y malolientes, en esta el lujo era desmesurado. Abrieron una habitación cerrada con llave. Era el santuario macabro de Enriqueta Martí. Allí había jarras, potes y palanganas con restos humanos en conservación. También estaban sus pócimas ya preparadas para ser vendidas.

Los investigadores encontraron un paquete de cartas. Estaban escritas en lenguaje cifrado. Llenas de contraseñas y firmadas con iniciales. También encontraron una lista con nombres de personas importantes de la alta sociedad barcelonesa. Las autoridades tuvieron miedo de aquel listado. Se hizo correr el rumor que en ella había el nombre de médicos, políticos, empresarios y banqueros. Para que no cundiera el pánico las autoridades pidieron al periódico *ABC* que publicara un artículo donde se decía que en la lista solo había nombres de personas a quien Enriqueta Martín mendigaba y que esas familias eran engañadas por ella. Así calmaron los ánimos de la sociedad barcelonesa.

En la casa localizaron un libro muy antiguo, con tapas de pergamino, que contenía fórmulas extrañas y misteriosas. En un cuaderno, escrito en catalán, había recetas para todo tipo de enfermedades.

Los investigadores registraron tres pisos más. Uno en la calle Tallers, otro en la calle Picalqués y un último en la calle Jocs Florals. En paredes falsas y en el techo encontraron restos humanos. En el jardín de la casa de la calle Jocs Florals desenterraron la calavera de un niño de tres años y varios huesos. En uno de los pisos que citó Juan Pujaló, en Sant Feliu de Llobregat, hallaron una vasija y un pote con restos humanos y recetarios. Ahora ya sí la podía llamar la Vampiresa de la calle Poniente.

Del Palacio de Justicia la llevaron a la Cárcel de Mujeres Reina Amalia. Enriqueta Martí intentó quitarse la vida cortándose las venas. Eso indignó a la sociedad civil barcelonesa. Consideraban que debían ejecutarla en el garrote vil. Si se suicidaba sus crímenes quedarían impunes. Se pusieron en práctica medidas de seguridad para que no pudiera sacarse la vida. En el periódico *La Vanguardia* apareció la siguiente nota:

La cama de Enriqueta Martí está colocada frente
por frente a las de sus tres compañeras de reclusión
para que estas no la pierdan de vista, cualquiera que

sea la posición que aquella adopte para dormir, y tienen orden de destaparle la cara si ven que se cubre la cabeza con las ropas de la cama para evitar que con sus dientes se seccione una vena de la muñeca.

Se empezaron a buscar testimonios para el juicio. Tenía que pagar sus culpas y cualquier detalle era importante. Uno de ellos era el de una mujer de Alcañiz que había llegado a Barcelona en busca de trabajo con su bebé. Mal alimentada y quizás por el calor, sintió un mareo y se sentó en un portal. En aquel momento se le acercó una mujer y muy amablemente le dijo:

—¡Qué niña tan bonita! ¿Quiere que le dé un rato el pecho?

—A mi hija nadie le da el pecho.

—Pues a mí me gustaría dárselo. Me parece que lo que usted tiene es hambre. Vamos a esa lechería. Le pago un vaso de leche. Deme la niña. Ya se la llevaré yo.

Entraron en la lechería. Enriqueta, con el bebé en brazos, pidió un vaso de leche. Al verlo a la mujer se le salieron los ojos de las órbitas. Enriqueta le dijo:

—Un vaso de leche es poco. Con pan se repondrá más rápido. Espere un momento.

No regresó. Aquella mujer desconocida había desaparecido con su bebé.

A Enriqueta Martí se la podía condenar a muerte, pero se necesitaban el máximo de pruebas posibles. Un juicio podría ser perjudicial para aquellas personas que aparecían en el listado. No eran benefactores ni gente caritativa. Eran clientes. Como había pasado en 1909, cuando la acusaron de proxeneta, estos clientes decidieron actuar. Su honor estaba en juego. Por eso se pusieron manos a la obra.

Hemos leído al principio de este capítulo la noticia oficial. Enriqueta Martí Ripollés murió como consecuencia de una terrible enfermedad, cáncer de útero. Ahora bien, ¿cuál es la verdad?

A pesar de las medidas de seguridad, estando en el patio de la prisión, sus compañeras le dieron una brutal paliza. Era el 12 de mayo de 1913. Enriqueta Martín moría poco después. A alguien le interesó que el parte oficial fuera el que publicó *La Vanguardia*. Con el tiempo se supo lo de la paliza, ya era demasiado tarde.

Jordi Corominas, en *Barcelona 1912*, que llega a estas conclusiones con respecto a una posible leyenda negra escribe:

> Enriqueta Martí fue en realidad una mujer marcada por un hecho que le destrozó la vida, la muerte de un hijo, con apenas diez meses, a causa de la malnutrición. Perturbada por esa situación secuestró a Tereseta. Tal vez para buscarle una compañía a Angeleta, la otra niña que ella cuidaba, en el piso que compartía con el abuelo. Pero la suya no era una mente analítica ni criminal. Hoy hubiera recibido atención psiquiátrica (...) Enriqueta no era una asesina sino más bien paradigma de una Barcelona pobre y desesperada que era la que no acostumbraba a salir en los medios.

Y al respecto Elsa Plaza, en *Desmontando el caso de la Vampira del Raval*, escribe:

> Lo único cierto es que Enriqueta secuestró a Teresita por motivos que nunca conoceremos. Su abogado defendió que sufría un trastorno por no poder ser madre. Angelita era su sobrina y ella la cuidaba. Respecto a los huesos, se demostró que eran de una persona de unos veinticinco años. Ella era curandera y, en aquella época, se pensaba que tener determinados tipos de huesos en casa traía suerte.

Sea como fuere, el juicio nunca se llevó a cabo. Muchos salvaron el cuello y el honor. Quizás les costó dinero y pagaron a aquellas mujeres que le dieron la paliza. Enriqueta Martí tal vez se llevó a la tumba el número de niños asesinados. Ahora bien, muchos más murieron llevándose otro secreto a la tumba. Este es que habían sido clientes de la Vampiresa de la calle Poniente. Caso cerrado. Enriqueta Martí se convirtió en leyenda. Sus clientes continuaron con sus perversiones.

Hasta este momento han podido leer la historia que ha llegado hasta nosotros de Enriqueta Martí. Ahora bien, en los últimos años han aparecido una serie de libros que dan la vuelta a esta historia. Es más, desestiman que fuera verdad. Por eso es necesario hablar de estas nuevas aportaciones a la historia de esta mujer que, en su momento, fue declarada una asesina en serie y que tuvo un final, como hemos visto, demasiado oscuro. Si bien es cierto que la historia es creíble, en algunos puntos patina. Sobre todo en su muerte. Parece ser como si la burguesía barcelonesa quisiera sacársela de encima para cerrar heridas y que a ellos no les salpicara los hechos que habían cometido y continuarían cometiendo. Por otro lado, Enriqueta Martí era una curandera y, teniendo en cuenta la sociedad de 1912, todo valía y Enriqueta fue la cabeza de turno de un analfabetismo social.

En 2020 la escritora Elsa Plaza publicó *Desmontando el caso de la Vampira del Raval*. Después de investigar en archivos, bibliotecas y hemerotecas, llega a la conclusión que el caso de Enriqueta Martí es una historia de clasismo y misoginia en la Barcelona de 1912, en pleno Modernismo. Pone en duda todo lo que se ha explicado hasta ahora de ella, y que hemos plasmado anteriormente. Plaza considera que es una leyenda urbana.

La autora afirma que la figura de Enriqueta Martí se ha utilizado para que Barcelona tuviera su propia asesina en serie. En su momento solo se la pudo acusar del secuestro de una niña, Teresita Guitart. Ahora bien, en una Barcelona donde en el Raval desaparecían niños y niñas, la prostitución reglamentada estaba a la orden del día, y la corrupción de los funcionarios era norma habitual, las altas esferas de la sociedad barcelonesa presionó para que se la considerara sospechosa de haber matado a más de una docena de niños. Es decir, Enriqueta Martí pagó el precio de una Barcelona corrupta. Se dio carpetazo a muchos temas no resueltos en el momento que se la condenó.

Con respecto a la causa de la muerte, también desmiente lo que se creía y publicaron varios medios de comunicación de la época. Según el registro de defunciones, como explica Elsa Plaza, la causa de la muerte no fue una paliza de sus compañeras de penal, «fue un cáncer de útero, y no solo no murió linchada por sus compañeras, sino que la cuidaron hasta el último momento».

Jordi Corominas, en 2014, publicó *Barcelona 1912. El caso de Enriqueta Martí*. En él hace una crónica de aquella Barcelona que se estaba empezando a transformar. Mientras se abría la Vía Layetana —una avenida que desembocaría en el mar y se convertiría en un eje central de circulación— la burguesía dejaba sus casas-palacio alrededor de la iglesia de Santa María del Mar, para instalarse en el Eixample. Dejaban, por así decirlo, la vieja Barcelona que hasta hacía pocos años aún estaba amurallada, para instalarse en la nueva Barcelona ideada por Ildefonso Cerdá. Aquella antigua Barcelona era una ciudad degradada. Sobre todo, el barrio del Raval. Aquella zona se había ideado para construir fábricas y convertirse en un motor económico. Finalmente se descartó y fue el Pueblo Nuevo el barrio escogido para esa reconversión industrial. El único edificio que marcaba la diferencia y lindaba entre la parte burguesa y aquella zona era el Liceo.

Actualmente el Raval, a excepción de algunas básicas remodelaciones llevadas a cabo con anterioridad a los Juegos Olímpicos de 1992, sus casas se construyeron a finales del siglo XIX, y aún están en pie y habitadas. Con lo cual tenemos un barrio ya degradado en la época de Enriqueta Martí y que no ha evolucionado durante este siglo que va desde la detención y muerte de Enriqueta Martí hasta hoy en día.

Como apunta Elsa Plaza, Corominas también se centra en el hecho de las desapariciones de niños y niñas, la mayoría de familias pobres, algo que desataba el pánico de los vecinos. Al descubrir el secuestro de Teresita Guitart, la sociedad barcelonesa encontró respuesta a sus preocupaciones. Ya tenía a una culpable. A todo ello debemos añadir dos aspectos interesantes. El enorme analfabetismo en aquella sociedad y el sensacionalismo de los periódicos. Enriqueta Martí fue la cabeza de turco. Como afirma Corominas: «Era una desequilibrada marcada por la muerte de su hijo de diez meses y, por eso, secuestró a la pequeña Teresita Guitart». Ahora bien, una vez detenida, ¿se acabaron los secuestros de niños y niñas? La respuesta es que no, pero sobre una parte de esos sucesos tenían una respuesta, aunque fuera falsa.

Corominas está de acuerdo con esa visión atenuada del personaje, y añade que hay dos componentes esenciales que determinan la forma en la que es juzgado: ser mujer y que en Barcelona la figura del asesino en serie es muy escasa, lo que propició mitificaciones precipitadas. «Los hay, pero son excepciones, como las de los años setenta con el asesino de Pedralbes o el violador de Lesseps, productos americanizados, personal homologado, como diría Pasolini». Lejos de encarnar una versión local del despiadado Jack el Destripador, tiene toda la pinta que la de aquella curandera estaba lejos de ser una mente analítica o criminal. «Hoy hubiera recibido atención psiquiátrica». Y añade:

> El desmentido científico coincidió con Semana Santa, y un foco apartó el otro. Los periodistas y las propias habladurías de la calle fueron claves, pero también el contexto, con la burguesía buscando vengar la

Semana Trágica. Criminalizar a Enriqueta era criminalizar a toda una clase social.

Para Corominas:

> Una vez que salta la noticia del secuestro de Teresita y de que Enriqueta es la responsable, la prensa, o al menos esta fue mi impresión, intenta construir la historia antes de que empiecen a saberse los datos concretos. Desde la Policía y el Gobierno Civil, por otro lado, se hacen comunicados con desmentidos y afirmaciones varias, lo que provoca alarma social y que por la ciudad todo el mundo comience a hablar de lo ocurrido y, por tanto, que las versiones sean múltiples. No son pocos quienes dicen que el caso de Enriqueta sirvió para enmascarar casos verdaderamente graves de trata de blancas que tenían como destino último Francia, y es precisamente el carácter anodino y anónimo de Enriqueta lo que permite su utilización: nadie va a salir dañado de las posibles mentiras que sobre ella se viertan porque nadie la conoce, nadie puede desmentirla; además, como persona anónima, su destino, una vez pase el furor, ya no importará a nadie, está condenada al olvido.

Todo esto provocó que Enriqueta Martí pasara a ser una leyenda más de la vieja Barcelona.

> Enriqueta se convierte en un mito que va más allá del vecindario, de hecho, en 1912 su caso ya no es un relato oral circunscrito a un barrio, ni tan siquiera a Barcelona, sino que se extiende por toda España. Hemos de tener en cuenta que Enriqueta se convierte en un mito por el enorme eco que tiene en la prensa, un

eco que se explica, entre otras cosas, por los numerosos casos de maltrato infantil y de secuestros de niños que por entonces acaecían en España.

Se convierte en una atracción, pero desde la mentira de su historia, puesto que no hay interés por saber exactamente quién es Enriqueta y qué es lo que verdaderamente ocurrió con ella, de qué es culpable. Se le ha acuñado la etiqueta de la Vampira del Raval para crear más impacto, pero a Enriqueta nunca se le había llamado así, en ningún artículo de la época aparece esta denominación. Se ha aceptado la mentira porque, al fin y al cabo, dentro del parque temático es útil y lógica su función; el caso de Enriqueta tiene todos los atractivos posibles: el atractivo del pasado, el atractivo que suscita por el hecho de que la protagonista es una mujer, el atractivo de la presencia de niños, que siempre despierta más morbo, y tiene el atractivo de haberse convertido en un caso exageradamente macabro, aunque la verdad de los hechos sea mucho más simple y no tiene nada ni de morboso ni de macabro.

En 2020 Lluís Danés estrenó la película *La vampira de Barcelona*, que ganó el Gran Premio del Público en el Festival de Sitges. Sobre el personaje y su película afirmaba:

> La mala mujer que representa Enriqueta Martí parte de un tiempo de miseria y de un tiempo que todavía está muy vigente en el que ser mujer, pobre, exprostituta, curandera y débil —Martí estaba enferma de cáncer de útero— reunía todos los requisitos para convertirse en una bruja de cuento. No quiero decir que fuera una santa, pero la única cosa que se ha podido demostrar, y hay documentos, es que retuvo en su casa durante diecisiete días a una niña de cinco años de la burguesía,

Teresita Guitart, a la que le cortó el pelo. Enriqueta fue claramente una cabeza de turco para tapar a los verdaderos monstruos, que son aquellos que crean a los monstruos de cuento.

Teniendo en cuenta todo esto y añadiendo la leyenda urbana que se creó alrededor de Enriqueta Martí, podemos concluir, como en la película de Lluís Danés, que «el monstruo no era ella, el monstruo somos nosotros».

Análisis Psicológico

Numerosas crónicas, reportajes, textos y libros que abordan la historia de Enriqueta Martí Ripollés, conocida como la Vampira de Barcelona expresan que Enriqueta fue una mujer de su tiempo o tal vez una víctima de su tiempo. Por eso, para entender la psicología del caso, es imprescindible enmarcarlo en su contexto histórico.

Nos hallamos en la Barcelona de principios del siglo XX. Esta es una ciudad social y económicamente dividida entre una exigua, culta y adinerada burguesía, y una inmensa mayoría de la población que malvive en la pobreza. La mayoría de esta población es analfabeta. No existe la clase media y la posibilidad de la escalada social es simplemente una utopía. Los bajos sueldos de los trabajadores apenas dan para sobrevivir y si nos centramos en las retribuciones que una mujer podía obtener en esa época podemos hacernos a la idea de que estas no subsistían por sí mismas. Las mujeres, mayoritariamente sin escolarizar, eran puestas a trabajar a muy temprana edad, a menudo como sirvientas o cuidadoras de niños, habitualmente solo a cambio de alimentos y con suerte algún camastro donde reposar sus cansados huesos. Las que tenían la suerte de percibir dinero por su trabajo, no solían cobrar más que dos pesetas al día, —la mitad que sus homólogos varones—.

En estas circunstancias, muchas mujeres jóvenes se veían

abocadas a la prostitución para obtener un sobresueldo, a menudo alentadas o empujadas por sus propias madres que ejercían ese mismo oficio. Se calcula que en la época hacían la calle unas 12.000 prostitutas solo en el área del Raval de Barcelona. Vemos pues que la competencia es salvaje, nada de un lucrativo negocio. Muchas mujeres desarrollaban trabajos mal remunerados durante el día, los cuales alternaban con la mendicidad, para lanzarse a las calles del peligroso y turbio barrio chino de Barcelona, que así se conocía al barrio del Raval, durante las oscuras noches.

Existía además, al momento de sucederse los hechos, un ambiente de absoluta crispación política y social. En la memoria de los integrantes de las clases más bajas perduraba el recuerdo de la Semana Trágica. En 1909 un conflicto bélico había estallado en la frontera con Marruecos. Para su disolución se ordenó el reclutamiento de varones catalanes, entre otras regiones, que pertenecían a la reserva de los que habían hecho el servicio militar entre 1903 y 1907, muchos de los cuales ya eran cabezas de familia y por lo tanto único sustento de su núcleo familiar. Esto generó un enorme malestar entre las clases bajas de Barcelona, que se materializó en unas revueltas que serían fuertemente reprimidas por la policía y que se saldó con setenta y ocho muertos, medio millar de heridos y miles de detenidos. Este es el caldo de cultivo en el que se desarrolla esta historia. Hablamos de gentes muy pobres que no confían en sus instituciones y de la figura de la mujer como epicentro del relato, tristemente un clásico, especialmente vulnerable. Sin garantías sociales, la gente hacía lo que fuese necesario para sobrevivir, a este o al otro lado de la ley.

Para poner el broche al relato, es de recibo relatar que la tuberculosis, una enfermedad respiratoria, transmisible y a menudo mortal, igual para ricos que pobres, campaba a sus anchas y era un mal incurable. Esto permitió la proliferación del curanderismo y la aceptación de remedios nada contrastados para su tratamiento. Entre los más apreciados, para aquellos pocos que podían costearlo, se contaba con la grasa y la sangre humana, sobre todo si provenía de un niño. Se creía que, a través de la obtención de sangre de un infante, mediante su descuartizamiento y posterior desangramiento, y con su grasa, obtenida mediante la aproximación de una fuente de calor a su cuerpo despellejado y convertida en aceite que solidificaba en manteca, se podían construir ungüentos y cataplasmas que podían combatir definitivamente esta peste. Tiempos atroces, como lo es, o parece, esta historia.

En las últimas décadas ha cobrado interés el estudio de la psicología en el ámbito de la pobreza. Esto es la relación directa entre vivir en pobreza y el desarrollo o presencia de ciertas características psicológicas, entre ellas diferencias individuales —rasgos de personalidad, propensión a enfermedades mentales, diferencias en inteligencia y habilidades específicas—, e igualmente diferencias en el desarrollo del lenguaje, en la adquisición de nuevos conceptos y en la motivación, entre otras variables. El ser humano es el humano y sus circunstancias. ¿Se puede esperar siempre el mismo desempeño moral, conductual e intelectual de aquel que se desarrolla en un ambiente lleno de privaciones en comparación con aquel que no? No sirva de excusa, tal vez sí de explicación. La biografía de Enriqueta es trágica desde el principio, como tantas contemporáneas a las que no se le atribuyen semejantes atrocidades. ¿Pero son ciertos todos los crímenes que se le atribuyen? ¿Se trata del monstruo desalmado que dibujan las versiones oficiales o fue, por el contrario, una cabeza de turco para redimir la culpa de ricos y poderosos? Dos versiones alejadas de una misma historia, dos relatos que conviven hasta nuestros tiempos. Dos Enriquetas psicológicamente distintas según dónde se ponga la lupa.

Si nos atenemos a la versión oficial, aquella que asevera que Enriqueta secuestró y asesinó a decenas de niños, que los puso a disposición de pederastas y que ella misma bebía su sangre para sanarse nos hallaríamos realmente ante una asesina en serie. Para diseccionar el perfil psicológico de esta oficialmente llamada Vampira de Barcelona, cabe mencionar, como también se explica en el capítulo dedicado a la condesa Báthory, la creencia antigua y las propiedades que se cree que tiene la ingesta de sangre humana. Desde hace siglos, algunas personas se han sentido atraídas por esta ingesta, creyendo en sus propiedades energizantes y revitalizadoras. Algunas de estas personas que se sienten impelidas a beber sangre se creen realmente que son vampiros y que dependen de esta para su propia supervivencia. Esta creencia irreal, fue denominada síndrome de Rendfield por el psicólogo Richard Noll en 1992 y en algunos sujetos puede responder a la presencia de una enfermedad mental como la esquizofrenia.

Dicha enfermedad produce una pérdida del contacto con la realidad en aquellos que la padecen, experimentando creencias irreales que en ocasiones pueden llegar a ser muy extrañas y bizarras. Esta enfermedad puede ir acompañada de alteraciones sensoperceptivas, esto es alucinaciones, en las modalidades auditivas o visuales y táctiles, que generalmente refuerzan la creencia irracional del individuo. Así, el enfermo podría llegar a experimentar voces dentro de su cabeza que podrían convencerle de que posee una identidad distinta a la original y que precisa de la sangre para sobrevivir. No obstante, el delirio de filiación vampírico es extremadamente inusual en la esquizofrenia. Es más probable que Enriqueta, a causa de su incultura y analfabetismo, se dejara llevar por creencias populares y supercherías.

Es una información fiablemente contrastada que Enriqueta padecía un cáncer uterino que acabó desembocando en abundantes hemorragias. Si nos creemos la versión oficial, es probable que consumiera esta sangre con objetivo de contrarrestar estas pérdidas. Lo que Enriqueta no sabía es que el consumo de sangre fresca por vía digestiva, más allá de pequeñas cantidades, puede hacer que enfermemos. El cuerpo humano no es capaz de procesar una ingesta elevada de hierro, contenido en esta sangre. De modo que se podría acabar acumulando en el hígado, viéndose este órgano impotente para eliminarlo, y finalmente desarrollar una enfermedad llamada hemocromatosis.

Por otro lado, hemos visto que de ella se dijo, en la versión oficial ofrecida por la crónica de la época, que secuestraba niños para prostituirlos en burdeles y ofrecerlos a pederastas. Se define al pederasta como aquella persona que comete abusos físicos y sexuales con niños o adolescentes que no se encuentran capacitados para consentir dichas relaciones. A menudo pueden usar la violencia o la intimidación y la amenaza. Es duro aseverarlo, pero el abuso y la explotación infantil a principios del siglo XX en España probablemente no se observaba con la misma severidad que ahora. No existían las actuales leyes de protección a la infancia, no estaba tan extendido el conocimiento sobre este tipo de delito y seguramente no se penara tan duramente como se hace hoy en día.

Las relaciones sexuales entre niños y adultos simplemente se veían como una especie de excentricidad de las clases altas, algo excepcional e incluso justificable. Presumimos que Enriqueta no se cuestionaría la moralidad de sus propios actos, cuando ella misma había empezado a prostituirse a temprana edad, cuando probablemente estuviera lejos de conocer el significado de la palabra moral. Presumimos que pensaría que eso era simplemente algo que se tenía que hacer y se hacía, la supervivencia del más fuerte. No se entretendría en pensar en los sentimientos de esos niños, en sus deseos o en el trauma posterior, pues ella misma era una mujer rota por la misma lacra. La llamaban monstruo, pero lo cierto es que la prostitución infantil y juvenil era un problema estructural.

Su marido, Joan Pujaló, dijo de ella que era una mujer inestable e impredecible, extraña y difícil de comprender. Se contabiliza que durante su matrimonio se separaron hasta seis veces, fruto de los continuos cambios de carácter de Enriqueta y de su afición por los hombres. En ocasiones se mostraba cariñosa y deseosa de formar una familia y en otros momentos era irascible, impulsiva e incontrolable. Se ha sugerido que Enriqueta pudo estar afectada de un trastorno bipolar. Como acertadamente afirma el periodista Jordi Corominas en su libro *Barcelona 1912*, Enriqueta «hoy hubiera recibido atención psiquiátrica».

El trastorno bipolar es una enfermedad catalogada dentro de los trastornos del estado de ánimo. En esta enfermedad la persona experimenta fuertes cambios en su estado anímico habitualmente bien delimitados en el tiempo. Así, las personas afectas por este trastorno presentan periodos en los que exhiben un ánimo deprimido —como mínimo de dos semanas de duración— alternados con otros períodos denominados de manía o hipomanía en los que muestran un afecto eufórico e hiperactivo. En los períodos depresivos las personas experimentan tristeza, falta de energía, disminución de la autoestima, cambios en el apetito y en el sueño, y falta de concentración. Suelen sentirse inseguros y tener pensamientos pesimistas y catastrofistas hasta llegar a pensar el suicidio. Estos estados depresivos suelen durar semanas o meses.

En cambio, pueden presentar otros períodos en los que experimentan un aumento inusual de energía y de actividad, se muestran excesivamente habladores y optimistas, con un ánimo exaltado, frecuentemente necesitan dormir poco para sentirse descansados. Pueden manifestar nuevos planes de futuro que nunca habían mencionado y proyectos poco realistas y poco acordes con su personalidad, se tornan impulsivos y temerarios. Es usual que exterioricen irritabilidad y enfado al ser contravenidos o cuando se les intenta poner un límite a sus extravagantes conductas. Pueden llegar a mostrar delirios de grandeza creyéndose capaces de grandes cruzadas. También es usual que se encuentren más sexualmente desinhibidos y con más deseos de mantener relaciones íntimas. Estas alteraciones del estado de ánimo se pueden combinar con periodos en los que la persona muestra un estado de ánimo normal y regulado, lo que se conoce como eutimia.

Si pensamos que Enriqueta pudo padecer un trastorno bipolar, este encajaría con las idas y venidas que demuestra durante su matrimonio. Lo habitual es que una persona con trastorno bipolar presente un episodio de depresión y un episodio de manía al año, estando el resto del tiempo eutímico. Como hemos visto Enriqueta se separó hasta seis veces de su marido para irse con otros hombres a lo largo de diez años, con lo cual se podría inferir que podría haber sufrido un episodio de manía en cada una de estas ocasiones.

Como hemos mencionado antes, esta historia cuenta con dos versiones. La primera es aquella versión oficial que dibuja a Enriqueta como una vil malvada, y que está basada en informaciones y crónicas poco rigurosas y deficientemente investigadas. La segunda versión hace referencia a revisiones más recientes de esta historia que desmitifican esta fábula. Hemos visto en el relato de los hechos que, a la supuesta Vampira de Barcelona, solamente se la acusó de un único delito: haber secuestrado a Teresita Guitart. Este es el único crimen por el que inicialmente se la quiso enjuiciar, aunque no llegó a ser juzgada ya que murió antes en prisión. Los cronistas no se aclaran si fue por una paliza propinada por sus propias compañeras (silenciando así a la que podía comprometer la vida y el honor de importantes personalidades de la época) o si fue por el avanzado estado de su cáncer de útero. Y cuando secuestró a Teresita ya ejercía de cuidadora de otra niña, Angelita.

¿Quién en aquella época de miseria y pobreza querría encargarse de dos bocas más que alimentar? Tal vez una proxeneta, sí, o tal vez una mujer que había perdido a un hijo y estaba obsesionada con la maternidad. En este extremo, nuevamente los cronistas no se ponen de acuerdo sobre si Enriqueta llegó a ser madre o no. Algunas versiones cuentan que tuvo un hijo que falleció a los pocos meses por desnutrición. Un hijo muy deseado que probablemente hubiese sido concebido desde un deseo de purgar sus pecados y entregar amor, un deseo de enderezar su vida y dotarla de sentido. Si nos creemos que Enriqueta sufría un trastorno bipolar, la pérdida de este hijo pudo abocarla a una profunda depresión, incluso con delirios, que la empujaran a secuestrar a Teresita y a hacerla pasar por su hija. Concordaría con una terrible depresión el hecho de que intentara suicidarse rasgándose las venas con sus propios dientes estando ya retenida en prisión tras ser capturada. Debió estar profundamente desesperada.

Nunca se sabrá la verdad de lo que ocurrió en realidad, que el lector escoja la historia con la que desea quedarse. De lo que no cabe duda es que Enriqueta fue una víctima de su tiempo, de su estrato social, victima por ser mujer y que sirvió de cabeza de turco y objeto de odio de las masas para silenciar las perversiones de muchos burgueses que se hacían llamar honorables. Fue una víctima de la miseria y de la hipocresía.

Parejas homicidas

Se define femicidio como el asesinato de una mujer por razones de género. Es el término para homicidio. Patricia Martínez Bernal, Ana María Ruíz Villeda, Natalia Baksheeva y Suzan Thornell actuaron como leonas. ¿Qué queremos decir con esta expresión? La relación de estas con sus maridos es similar a la que hay entre un león y una leona, donde la hembra es quien lleva la comida al macho alfa.

Deseaban satisfacer a sus maridos y les entregaron víctimas para su placer y disfrute. Todas ellas eran conscientes de lo que estaban haciendo. En el caso de Natalia Baksheeva, esta satisfacción era transformada en pasteles que luego vendía. Y Suzan Thornell estuvo demasiado influenciada por el ácido lisérgico (LSD-25). Todas ellas sintieron placer en los actos cometidos, aunque necesitaron la mano de un hombre para poner en práctica sus depravaciones mentales.

Sea femicidio u homicidio, las cuatro guardan la misma similitud y su *modus operandi* es idéntico: satisfacer a su macho alfa. Para ellas la muerte de sus víctimas era banal. Lo importante era mantener una estructura familiar anómala, pero idílica para ellas.

Los monstruos de Ecatepec se llamaban Patricia Martínez Bernal (Lázaro Cárdenas, Michoacán, México, 1980) y Juan Carlos Hernández (Lázaro Cárdenas, Michoacán, México, 1985). Ella era vendedora de ropa y perfumería. Él También se dedicaba a lo mismo. Asesinaron a más de veinte mujeres durante seis años. Como matrimonio tenían cuatro hijos menores de edad.

Gracias al puesto de venta de ropa y perfumería atraían a jóvenes. A estas las citaban en su casa que se encontraba en Jardines de Morelos, a treinta y un kilómetros de Ciudad de México. Allí eran asesinadas y desmembradas. Los restos los enterraban o los conservaban en cubos, bolsas de plástico o neveras.

Juan Carlos Hernández le ordenaba a su esposa que se llevara a sus hijos a alguna habitación para que no pudieran ver el acto que iba a cometer. Una de sus víctimas, Luz del Carmen Miranda, de trece años, desapareció el 12 de abril de 2012. Su cuerpo desmembrado apareció al año siguiente. La niña era vecina de ellos. Según su madre, Araceli, «el día de la desaparición de mi hija Juan Carlos mandó a su esposa a mi casa y le dijo que le querían vender bisutería. Como eran conocidos, ella bajó y se la llevó».

El *modus operandi* siempre era el mismo. Convencían a las jóvenes para que fueran a su casa para comprar ropa o bisutería. Antes de ser detenidos, la policía vigiló la casa ubicada en Playa Tijuana 530 —hogar del matrimonio— durante varios días para establecer los hábitos del matrimonio. El 4 de octubre de 2018 salieron de la casa con un cochecito de bebé con bolsas de plástico. Al acercarse la policía descubrieron que llevaban restos humanos.

El marido, Juan Carlos Hernández confesó a la policía que asesinaba mujeres como venganza porque, cuando era niño, su madre le obligaba a vestirse como mujer. Además, manifestó que solía tener visiones y que escuchaba una voz que a veces no le dejaba dormir. También que tenía un profundo odio a las mujeres. Agregando que «si yo no fui feliz, nadie lo va a ser». El bebé de una de las víctimas lo vendió por 790 dólares. Los psicólogos consideraron que padecía un trastorno mental de tipo psicopático y alteraciones de personalidad.

Declaró que tenía una necesidad incontrolable de matar. Su necesidad se traducía en periódicas cefaleas insoportables que no se calmaban hasta que asesinaba. Que necesitaba beber sangre humana cada tres meses y que una parte de él era un demonio.

Patricia Martínez Bernal, por su parte, tenía un retraso mental desde su nacimiento, junto con un delirio inducido por su marido, aunque estaba capacitada para distinguir entre el bien y el mal. Eran responsables de sus actos. Patricia Martínez, en aquella relación, adoptó una actitud pasiva. Ahora bien, era la instigadora de los crímenes. Era dominante al ser mayor que su pareja. En varias ocasiones seleccionó a las víctimas. Es más, la policía descubrió un listado escrito por Patricia Martínez, en el cual había el nombre de diecisiete posibles víctimas. Todas ellas seleccionadas por ella. Se descubrió que en dos ocasiones —como mínimo— se encargó de asesinarlas. Las engañaba para que fueran a su casa y, cuando el marido mantenía relaciones sexuales con ellas —voluntarias o a la fuerza— aparecía en escena. Las acusaba de haber traicionado su confianza al mantener relaciones sexuales con su esposo y que, por ello, merecían morir. Consideraba que las madres solteras merecían morir, porque descuidaban habitualmente a sus hijos y les reprochaba que privaran a sus hijos de la figura paterna.

El 1 de octubre de 2019 cada uno de ellos recibió una condena de 327 años de prisión por ocho cargos de femicidio, trata de personas en su modalidad de adopción ilegal e inhumación ilegal de restos humanos.

Los sádicos de Matamoros se llamaban Ana María Ruíz Villeda (San Luis Potosí, México, 1971) y Rodolfo Infante Jiménez (San Benito, Texas, 1967). Su radio de acción fue la ciudad de Heroica Matamoros, estado de Tamaulipas (México). Los asesinatos fueron cometidos durante el año 1971.

Su manera de actuar era pasear por esta ciudad, cogidos de la mano, como dos enamorados más. En realidad, estaban buscando su próxima víctima. Cuando la escogían, Ana María Villeda contactaba con la víctima. Le prometía trabajo, techo y comida. La futura víctima aceptaba y empezaba el ritual. Este lo repitieron al menos ocho veces. Debemos explicar que el estado de Tamaulipas es fronterizo con Estados Unidos. Hasta ahí se desplazaban muchas personas para tener suerte y poder cruzar la frontera. Las víctimas eran mujeres que no la habían tenido y malvivían en Heroica Matamoros.

Los sádicos de Matamoros poseían una granja de llamas, El Ebanito, en la cual trabajarían las víctimas. La realidad es que nunca lo hicieron, sirvieron para satisfacer los impulsos sexuales de los sádicos de Matamoros. Todas acabaron violadas y asesinadas. El amor enfermizo de Ana Maria Villeda por Rodolfo Infante la impulsaba a conseguirle víctimas para que se divirtiera atacándolas sexualmente y asesinándolas.

En cierta ocasión contactaron con dos amigas llamadas Josefina Torres y Marina Hernández, de dieciséis años. Les comentaron que no podían trabajar juntas, que dentro de la granja las separarían. Fue por eso por lo que Josefina Torres decidió no aceptar el trabajo. Nunca supo nada más de Marina Hernández. Por eso su amiga denunció su desaparición a las autoridades.

Estas se presentaron en la granja El Ebanito. Tanto Ana Maria Villeda como Rodolfo Infante confesaron el asesinato de ocho mujeres. A todas ellas, una vez muertas, las arrojaban al Río Grande. Las víctimas tenían entre catorce y veinte años. El *ranger* Eloy Treviño interrogó a Rodolfo Infante. Este le confesó que Ana María Ruíz Villeda era la culpable de aquellas muertes pues, al estar enamorado de aquellas chicas, era incapaz de hacerles daño. Ella negó todas las afirmaciones de su marido. Al final confesaron, cada uno, la mitad de los asesinatos. Ambos fueron condenados a cuarenta años de cárcel.

Los caníbales de Krasnodar se llamaban Natalia Baksheeva de cuarenta y dos años y Dmitri Baksheev de treinta y cinco años. Vivían en la región de Krasnodar, al sur de Rusia. Se cree que asesinaron alrededor de treinta personas desde 1999 hasta 2017.

Durante el asfaltado de una carretera los operarios estatales encontraron un teléfono móvil. En él descubrieron varias fotografías de cuerpos humanos despedazados. En una de ellas se veía a un hombre sosteniendo en su boca una mano cortada de una mujer joven. Al cabo de un rato apareció una persona preguntando si habían encontrado un móvil. Negaron haber hallado nada por lo escandaloso de las fotografías. Aquellos operarios entregaron el móvil a la policía. Averiguaron, por la tarjeta SIM, que el propietario era Dmitri Baksheev. Fueron a su domicilio. No lo encontraron. En la casa solo estaba su mujer. La interrogaron y, sin tapujos, confesó la muerte de treinta personas.

Al buscar en la casa encontraron, dentro del congelador, bolsas con restos humanos. También varios tarros de conservas con carne humana. Además, descubrieron diecinueve tiras de piel humana, teléfonos móviles, recetas para disimular el sabor de la carne humana, fotos y vídeos de cadáveres descuartizados. Natalia Baksheeva trabajaba como enfermera en una escuela militar para cadetes. En concreto la Escuela Superior de Aviación de Serov. Se cree que estos comieron las conservas que ella le vendía a la escuela, para ganarse un poco más de dinero. Por su parte, Dmitri trabajaba como barrendero.

La policía comentó que «a través de las fotografías, la mujer ha reconocido a más de treinta víctimas que mataron y comieron junto con su marido». Los vecinos le comentaron a la policía que la casa olía a Corvalol y que la pareja tenía fuertes discusiones. El Corvalol lo utilizaban para dormir a sus víctimas antes de asesinarlas. Este producto es un tranquilizante a base de la hierba raíz de valeriana y el fenobarbital barbitúrico, popular en Europa del Este y la antigua Unión Soviética como medicamento para el corazón. Natalia Baksheeva cocinaba pasteles y hacía conservas que vendía a cafeterías conocidas de la zona. Cuando alguna vez le preguntaron con qué rellenaba los pasteles, contestaba que con «lo que sea que esté alrededor».

Dmitri Baksheev era hijo de padres drogadictos. Estuvo recluido en un orfanato. Su padrastro Vladimir y su primera mujer Svetlana lo adoptaron. Fue un joven conflictivo, al que arrestaron varias veces por robo. La segunda mujer de Vladimir declaró que «sabíamos que esa mujer, Natalia, lo influyó de mala manera. La vi tres veces y ella también estaba borracha, agresiva y gritando. Incluso estaban peleando entre ellos». Al morir Svetlana de cáncer, siendo Dmitri un adolescente, lo echó de casa su padre. Al respecto declaró su padre Vladimir que

> ...antes de irse de casa, prendió fuego a su habitación. Fue condenado cuatro veces por robar cosas. Tomó préstamos y dio mi nombre como fiador. Tuve que apagar el teléfono porque los bancos me llamaban. Había tratado de ayudarlo, encontré trabajos para él varias veces, pero ¿qué podía hacer? Es inútil hablar con él. Sus ojos son de cristal. Mira a través de tu cuerpo y no escucha.

Natalia Baksheev había sido una buena estudiante, graduada con honores en una escuela médica. Se casó y vivió una vida sin sobresaltos con su primer marido. Cuando conoció a Dmitri se divorció. Dmitri aún era menor y Natalia cuidó de él. Según el psiquiatra que la sometió a diferentes pruebas, Natalia «es mentalmente saludable, consciente y totalmente responsable de sus acciones». Ambos fueron condenados a cadena perpetua.

Los cazadores de brujos se llamaban Suzan Thornell, nacida el 14 de septiembre de 1941 y Michael Bear Carson, nacido en

1950. Según la hija de Michael, antes de conocer a Suzan era un académico *hippy* con maestría en filosofía china, que fumaba marihuana. Vivía en Phoenix (California). Jennifer, la hija de Michael, comentó que «no sucede muy a menudo que tu padre judío se convierta al islam, al islam radical». En realidad, no se convirtió al islam. ¿Qué ocurrió? Suzan Thornell tenía un fideicomiso que le permitía vivir de renta. Con él decidieron trasladarse a San Francisco y ahí empezaron a consumir grandes cantidades de LSD-25. En San Francisco se instalaron en el distrito Haight-Ashbury. Ahí se volvieron vegetarianos y aceptaron la misión encomendada por su religión. ¿Cuál? Matar a los brujos y brujas que se ocultaban bajo el disfraz de la normalidad de las personas.

Todo ocurrió a principios de la década de los ochenta del siglo pasado. En la década anterior Michael estaba casado con Jenn, de cuarenta y cinco años. La relación se deterioró desde el momento que él se inició en la venta de marihuana. Empezó a abusar de su mujer y a consumir cada vez más drogas. Suzan Thornell era una amiga de la familia. Era rica y se divorció de su marido cuando la acusó de infidelidades y consumo de drogas. Durante un tiempo la pareja se convirtió en mística cristiana. Vivían en el bosque y solo comían frutas. Luego se pasaron al islamismo y seguían el Corán y el Antiguo Testamento.

El primer asesinato tuvo como víctima a Keryn Barnes, de veintitrés años, y aspirante a actriz. Fue compañera de habitación de ellos en San Francisco. La apuñalaron trece veces y le aplastaron el cráneo. La envolvieron en una manta y la escondieron en el sótano. Desaparecieron antes de poder ser investigados. Según Suzan «era una bruja».

En mayo de 1982 mataron a Clark Stephens. Michael tuvo una disputa con él y le disparó. Intentó deshacerse del cuerpo quemándolo y enterrándolo bajo fertilizante. También huyeron antes de ser imputados. La policía buscó entre las pertenencias que habían olvidado tras la huida y encontraron un manifiesto donde pedían el asesinato del presidente de los Estados Unidos Ronald Reagan.

En noviembre de 1982, mientras hacían autostop, pasó Jon Charles Hellyar, de treinta y un años. Suzan decidió que era un brujo y lo asesinaron. Esto ocurrió en la ruta 101. Suzan lo apuñaló durante una discusión. Acto seguido Michael le disparó. Los coches que circulaban por la ruta 101 vieron todo lo que estaba ocurriendo. Uno de esos automovilistas llamó a la policía y así los pudieron detener.

Confesaron la muerte de las tres víctimas porque «no creemos en mentir». Se negaron a confesar otras muertes pues «no somos tontos. Sabemos exactamente lo que estamos haciendo. Lo hacemos por una buena razón». Se excusaron diciendo que habían abusado sexual y mentalmente de Suzan. Afirmando que «solo los tontos temen a la muerte. La muerte no es algo cruel. Encerrar a un hombre en una jaula es algo cruel».

El 12 de junio de 1984 fueron condenados por el asesinato de Keryn Barnes a veinticinco años de prisión. Por los asesinatos de Clark Stephens y Jon Charles Hellyar los condenaron de cincuenta años a cadena perpetua y de setenta y cinco años a cadena perpetua respectivamente. Michael Bear Carson permanece encerrado en la Prisión Estatal de Mule Creek. Suzan Thornell en el Centro para Mujeres de California Central.

Análisis Psicológico

En la historia de la criminología han existido muchas parejas homicidas célebres. Desde Bonie y Clyde hasta Karla Homolka y Paul Bernardo. Se han escrito ríos de tinta sobre este fenómeno. Aunque ampliamente reportada por la prensa y por la crónica, esta conducta criminal se trata en realidad de una rareza. ¿Asesinos en serie que matan junto a sus parejas? Si analizamos los casos anteriormente relatados podemos ver que generalmente la mujer actúa como facilitador para satisfacer la perversión sexual de su pareja. Tolera, permite, presencia y en ocasiones incluso proporciona a la que será una nueva víctima de su compañero sentimental. Pero en raras ocasiones participa de la violación o de la agresión, se suele mantener como un sujeto pasivo y no por ello menos cómplice. Pero ¿qué ha sucedido? ¿el azar ha tenido el desacierto de juntar a dos depravados? ¿Cómo hubiesen sido sus vidas y sus actos si no se hubiesen encontrado?

Para entender el hecho, empecemos desde el principio. ¿Qué es una pareja? En el proceso de elección de una pareja actúan necesidades y expectativas conscientes e inconscientes. Anabel Pagaza y Jorge Sánchez escriben en su artículo «La pareja sadomasoquista. Un caso clínico» que entre las elecciones conscientes se cuentan aquellos aspectos que una persona racionalmente desea encontrar en otra a fin de procurarse bienestar, placer y seguridad, así como el conjunto de aportaciones que ella misma desea poder entregar al otro y, al fin y al cabo, a ambos en global. Explican que

> …una pareja toma la determinación de mantenerse unida, a veces a largo plazo, tratando de no repetir aquellas conductas, emociones y pautas displacenteras que ha visto en sus propios núcleos familiares y en sus grupos sociales de referencia. Los miembros de la pareja llegan a acuerdos más o menos explícitos acerca de la forma en que esperan comportarse frente al otro, así como sobre la manera en que esperan que el otro se comporte frente a ellos.

Se acuerdan códigos de conducta ante el grupo social y familiar y se decide sobre otros aspectos de la relación como por ejemplo los hijos. Sin embargo, existe un inaccesible nivel inconsciente en la elección de una pareja, expectativas que se espera que el otro cumpla, pero sin que se tenga consciencia de ello. Se trata de necesidades desconocidas para el sujeto, miedos, decepciones y resentimientos que se espera que el otro solucione. Es un nivel que se encuentra presente durante toda la relación. Escriben Pagaza y Sánchez:

> Las vivencias satisfactorias, frustrantes, amenazantes o dolorosas que resultaron de la interacción con los primeros objetos significativos (principalmente los padres) en las etapas cruciales de la infancia determinarán, en lo sucesivo, las modalidades de actuación frente a todas las relaciones posteriores de la vida, especialmente con el objeto de elección amorosa. Esto significa que las personas que se involucran en una relación de pareja, por fuerza llevan a ella su pasado individual: inevitablemente su conducta estará basada más en este pasado que en sus deseos o propósitos actuales.

Esto se puede trasladar también a las relaciones sexuales en una pareja. Las experiencias sexuales tempranas de uno y otro miembro, el descubrimiento del deseo, de la propia sexualidad y el conocimiento del propio cuerpo, así como las fantasías, vivencias y la relación con el entorno resultan cruciales. Así el desarrollo sexual de un sádico, aquel que se excita infligiendo dolor, y el de un masoquista, aquel que se excita recibiéndolo, que tuvieran la suerte o el infortunio de encontrarse podrían arrojar luz a la dinámica que se estableció en los protagonistas de este capítulo.

El *Manual Diagnóstico y Estadístico de los Trastornos Mentales* en su quinta edición (*DSM-5*) define el sadismo sexual como la «excitación sexual intensa y recurrente derivada del sufrimiento físico y psicológico de otra persona, y que se manifiesta por fantasías, deseos irrefrenables o comportamientos».

Asimismo, especifica que el sádico, para serlo, ha tenido que cumplir estos deseos irrefrenables con otra persona que no ha dado su consentimiento o, por el contrario, estos deseos causan malestar y deterioro social. Este fenómeno se considera una enfermedad cuando el sujeto sufre por ello y lucha activamente por evitarlo, experimentando ansiedad, obsesiones y culpa. Por el contrario, el mismo manual, define el masoquismo sexual como «la excitación sexual intensa y recurrente derivada del hecho de ser humillado, golpeado, atado o sometido a sufrimiento de cualquier otra forma, y que se manifiesta por fantasías, deseos irrefrenables o comportamientos» y especifica que estos generan un malestar clínicamente significativo.

Por lo tanto, el sádico sexual puede cumplir sus fantasías con personas que consienten llevar a cabo estos actos, esto es un masoquista, o personas que no han dado su consentimiento, esto es un delito. Si la fortuna reúne a un sádico y a una masoquista en una relación sentimental duradera se pueden establecer muchos comportamientos difíciles de entender en esta unión. Pero si además el sádico es un asesino pervertido con motivaciones sexuales y su pareja sumisa está dispuesta a hacer cualquier cosa, cualquiera, para conservarlo se empieza a despejar la incógnita de lo incomprensible. Hemos visto en otros capítulos que el 90 % de los asesinos en serie son hombres, y si hablamos de los sádicos sexuales probablemente este porcentaje se supere, pues las mujeres no suelen asesinar por un móvil sexual. Por lo tanto, es más probable que el varón, cuando hablamos de este tipo de parejas, actúe como el dominante y la mujer asuma un rol de servilismo.

Así pues, es probable que algunas de estas mujeres mostrasen rasgos de lo que se denomina la personalidad dependiente.

El *DSM-5* define la personalidad dependiente como aquel patrón de conducta, afecto y cognición que tiende a una excesiva necesidad de que le cuiden, que lleva a la persona a mostrar una actitud sumisa, un apego exagerado y un miedo patológico a la separación. Se manifiesta por una marcada dificultad para tomar decisiones sin la aprobación de los demás, necesidad de los demás para la asunción de las responsabilidades, dificultad para mostrar opiniones contrarias a los otros por temor a perder su apoyo y dificultad para hacer las cosas por uno mismo. Pueden llegar al extremo de hacer cosas desagradables e incluso humillantes para no perder a otra persona ya que se sienten extremadamente incómodos o inseguros cuando tienen que hacer cosas solos.

Cuando termina una relación estrecha tienen marcada urgencia por establecer vínculos con otra persona y presentan un marcado temor al abandono, vinculándose, a veces, a otras personas indiscriminadamente. Pueden llegar a mostrar extrema sumisión, mostrándose pasivos y a menudo dejando que una persona tome la iniciativa y asuma la responsabilidad en la mayoría de las áreas de su vida. Por todo ello son tendientes a buscar o situarse en relaciones de dominación.

A estas alturas del desarrollo del presente análisis nos parece interesante introducir el término hibristofilia. Tal y como la define el sexólogo John Money (1986) la hibristofilia es un tipo de parafilia sexual (excitación o conducta sexual desviada de la normalidad) en la que el individuo «se excita sexualmente exclusivamente por una pareja que tiene un historial depredador de ultrajes perpetrados contra otros».

Es un fenómeno claramente preponderante en mujeres en comparación con los hombres. Se trata de mujeres que se involucran en relaciones románticas con delincuentes violentos encarcelados e inclusive ellas mismas se pueden llegar a implicar en la comisión de estos delitos. Katherine Ramsland, profesora de Psicología Forense de la Universidad DeSales, entrevistó a un grupo de mujeres que mantenían una relación sentimental con delincuentes convictos, muchos de ellos asesinos violentos, que incluso llegaban a contraer matrimonio con ellos durante su estancia en prisión. Le preguntó sobre sus motivaciones e identificó tres tipos de causas principales: la creencia de que a través de su amor podrían transformar a esos hombres, por sentimientos de compasión, pena e incluso ternura y protección, o por un deseo de compartir fama y atención mediática. La investigación muestra sólidamente una historia de trauma infantil y abuso sexual o físico entre las mujeres que experimentan esta parafilia. Muchas de ellas mostraban rasgos dependientes, aunque otras mostraban rasgos antisociales y narcisistas. Parker en 2004 afirma que existen dos categorizaciones en la hibristofilia: la pasiva y la agresiva, siendo esta última en la que el individuo participa activamente del delito y obtiene placer sexual de él.

Por lo tanto, las mujeres que ocupan este capítulo podían responder a personalidades dependientes y con tendencias masoquistas e hibristofílicas, como sería el caso de Ana María Ruíz Villeda. También podemos hallar otro tipo de psicopatología como en el caso de Patricia Martínez Bernal, que como hemos visto sufría una discapacidad intelectual, hecho que la volvía más vulnerable a la manipulación por un marido con rasgos psicopáticos y que profesaba un profundo odio por las mujeres. En los casos de Natalia Baksheeva y Shusan Tornell, profundas alteraciones de la personalidad se veían complicadas por graves adicciones a sustancias que nublaban aún más sus capacidades de raciocinio.

En la historia que nos ocupa, si la parte sumisa disfrutaba y participaba activa y voluntariamente en estos actos o, por el contrario, era víctima de una terrible coacción es algo que siempre se ha discutido a la hora de juzgar a estas parejas. Lo cierto es que la mayoría de las veces, en estos casos, ambos componentes de la pareja acabaron condenados por la justicia.